Finde Deinen Persönlichen Avatar

Heinz Krug

Erste Auflage: Dezember 2021
Verlag: Heinz Krug
Autor E-Mail-Kontakt: heinz@gehirnsoftware.com
Webseite: avataram.net

Haftungsausschluss

Inhalt des Buchs

Autor, Herausgeber und Verlag übernehmen keinerlei Gewähr für die Aktualität, Korrektheit, Vollständigkeit oder Qualität der bereitgestellten Informationen. Haftungsansprüche gegen den Autor oder den Verlag, welche sich auf Schäden materieller oder ideeller Art beziehen, die durch die Nutzung oder Nichtnutzung der dargebotenen Informationen bzw. durch die Nutzung fehlerhafter und unvollständiger Informationen verursacht wurden, sind grundsätzlich ausgeschlossen, sofern seitens des Autors kein nachweislich vorsätzliches oder grob fahrlässiges Verschulden vorliegt.

Gesundheit

Dieses Buch hat den Zweck, unseren Lesern Informationen über die besprochenen Themen bereitzustellen. Dieses Buch soll nicht dazu benutzt werden, um medizinische Krankheitsbilder zu diagnostizieren oder zu behandeln. Für die Diagnose oder Behandlung medizinischer Probleme holen Sie den Rat ihres Arztes. Herausgeber, Autor oder Verlag sind nicht verantwortlich für die Gesundheits- oder Allergiebedürfnisse, die einer medizinischen Überwachung bedürfen und sind auch nicht haftbar für Schäden oder negative Auswirkungen irgendwelcher Behandlungen, Tätigkeiten, Anwendungen oder Mittel für Personen, die dieses Buch lesen. Referenzen gelten nur als Information und nicht als Empfehlung irgendwelcher Webseiten oder anderer Quellen.

Urheber- und Kennzeichenrecht

Der Autor ist bestrebt, in allen Publikationen die Urheberrechte der verwendeten Bilder, Grafiken, Tondokumente, Videosequenzen und Texte zu beachten, von ihm selbst erstellte Bilder, Grafiken, Tondokumente, Videosequenzen und Texte zu nutzen oder auf lizenzfreie Grafiken, Tondokumente, Videosequenzen und Texte zurückzugreifen.

Alle innerhalb des Buchs genannten und ggf. durch Dritte geschützten Marken und Warenzeichen unterliegen uneingeschränkt den Bestimmungen des jeweils gültigen Kennzeichenrechts und den Besitzrechten der jeweiligen eingetragenen Eigentümer. Allein aufgrund der bloßen Nennung ist nicht der Schluss zu ziehen, dass Marken nicht durch Rechte Dritter geschützt sind!

Das Copyright für veröffentlichte, vom Autor selbst erstellte Objekte bleibt allein beim Autor des Buchs. Eine Vervielfältigung oder Verwendung solcher Grafiken, Tondokumente, Videosequenzen und Texte in anderen elektronischen oder gedruckten Publikationen ist ohne ausdrückliche Zustimmung des Autors nicht gestattet.

Rechtswirksamkeit dieses Haftungsausschlusses

Sofern Teile oder einzelne Formulierungen dieses Haftungsausschlusses der geltenden Rechtslage nicht, nicht mehr oder nicht vollständig entsprechen sollten, bleiben die übrigen Teile des Dokumentes in ihrem Inhalt und ihrer Gültigkeit davon unberührt.

ISBN 978-0-9955961-5-3

avataram.net

10 9 8 7 6 5 4 3 2 1

Für die Rose des Himalaya

Die folgende Meditation gibt es zum Mitsingen bei:

avataram.net

Meditation

कर्पूरगौरं करुणावतारं
संसारसारम् भुजगेन्द्रहारम् ।
सदावसन्तं हृदयारविन्दे
भवं भवानीसहितं नमामि ॥

karpūragauraṁ karuṇāvatāraṁ
sansārasāram bhujagendrahāram |
sadāvasantaṁ hṛdayāravinde
bhavaṁ bhavānīsahitaṁ namāmi ||

Gleißend weiß wie Kampfer,
Die Verkörperung des Mitgefühls,
Die Essenz der Welt,
Mit dem König der Schlangen als Girlande,
Wohnt ihr immer im Lotus meines Herzens,
Vor dem Göttlichen, männlich und weiblich vereint,
verneige ich mich.

0. Einleitung

Inhaltsverzeichnis

Vorwort

Liebe Leserin, lieber Leser! Die Meditation am Anfang auf Seite 5 ist wohl der meist gesungene Vers in Indien. Mit großer Hingabe öffnen sich damit Hunderte Millionen von Indern jeden Tag für das Unendliche, das Göttliche. Diese Öffnung für das unendliche göttliche Bewusstsein in uns selbst ist das Thema dieses Buchs.

Wenn ich ein Buch schreibe, hole ich mir immer wieder die Inspiration aus der göttlichen Quelle. Am Anfang dieses Buchs kam genau dieser Vers ‚Karpura gauram ...‘ Ich kannte ihn schon aus meiner Einführungszeremonie in die Mantra-Meditation und lernte ihn nach einigen Jahren regelmäßiger Meditation bei meiner Meditationslehrer-Ausbildung im Jahr 1976 auswendig. Es ist der Moment völliger Hingabe des Meditationslehrers an das göttliche Prinzip, verbunden mit der Einladung, in seinem Herzen Platz zu nehmen und ihn bei der richtigen Weitergabe der Meditation zu führen.

Als ich den Vers jetzt noch einmal genauer betrachtete, war der Inhalt des Buchs klar. Die Kapitel ergaben sich aus den Wörtern des Verses. Seit einigen Jahren helfe ich Menschen, mit Begeisterung den Kontakt zu ihrer göttlichen Urquelle wieder aufzunehmen. Von dort, wo in großer Glückseligkeit alles Wissen vorhanden ist, macht es Freude, reines Wissen in das eigene Leben zu bringen. Probleme lösen sich fast wie von selbst und es öffnet sich diese niemals versiegende Quelle von Inspiration und Freude im täglichen Leben.

Diesen Vorgang habe ich als Intuition bezeichnet. Das so gewonnene Wissen nannte ich intuitives Wissen. Aber es war mir schon von Anfang an klar, dass dies viel mehr als nur Intuition ist. Es ist eine höhere Bewusstseinsebene, auf der das göttliche Prinzip zu einem wichtigen Bestandteil unseres eigenen Lebens wird. In meinem Buch „Gehirnsoftware" bezeichne ich dieses Bewusstsein als die Gehirnsoftware Version 6. Jeder höhere Bewusstseinszustand ist einfach nur eine verbesserte Version der Gehirnsoftware und kann daher leicht und mühelos installiert werden.

Die Leichtigkeit und Schnelligkeit des Installationsvorgangs lässt sich zwar einfach mit dem Begriff „Laden einer verbesserten Gehirnsoftware" beschreiben, nicht jedoch, wie großartig es ist, Gehirnsoftware Version 6 zu erleben. In dieser Phase der Evolution des Menschen wird neben dem Gehirn zusätzlich auch das Herz belebt und die Harmonie zwischen Herz und Gehirn nimmt zu.

So ist es ein Ziel dieses Buchs, die Begeisterung für ein Leben aus der göttlichen Urquelle zu wecken und zu stärken. Ein anderes Ziel ist es, aufzuzeigen, dass es keine lange Übung erfordert, Erfolge zu haben. Es erfordert nicht mehr als einen Entschluss, sich jetzt und immer der einen Quelle zu öffnen und ab jetzt das Leben in Fülle zu genießen. Dieses Buch soll dich lieber Leser, liebe Leserin inspirieren, diesen Schritt zu tun, Ängste und Blockaden auf dem Weg zu beseitigen und dir das Wissen und Vertrauen schenken, dass es ein machbarer und lohnender Weg ist.

Das Leben in Verbindung mit der göttlichen Urquelle bei uns allen wird für die ganze Erde unendliche Vorteile bringen. Die großen Missverständnisse bei der Erkenntnis der Wahrheit werden verschwinden. Die ungelösten Rätsel der Physik werden gelöst werden. Eines davon ist die Vakuumenergie, welche uns den Zugang zur Macht der Allmächtigen verschaffen kann, wenn wir uns trauen, neue Wege der Erkenntnis zu gehen.

Ganz zum Schluss werde ich noch einen Ausblick geben auf eine Welt mit göttlicher Magie, auf unsere zukünftige Welt. Wir sind in der Lage, die Welt zu verändern, den Planeten Erde zu einem positiven Beispiel einer phantastischen Bewusstseinsentwicklung zu machen. Unsere Heimat kann sogar zu einem strahlenden, lebendigen Vorbild für andere Welten werden. Wenn wir unseren persönlichen Avatar gefunden haben, können wir unseren Beitrag dazu leisten und darangehen, unsere Welt zum Himmel auf Erden umzugestalten.

Heinz Krug, Dezember 2021

1. Der Begriff Avatar

Avatar ist ein Wort aus der Sprache Sanskrit. Sie ist die Ursprache der Menschheit. Fast alle heute bekannten Sprachen stammen vom Sanskrit ab. Im Sanskrit-Original sagt man ‚Avatāra'. Der Buchstabe ‚ā' wird lang gesprochen, das ‚a' am Schluss fast nur gehaucht. Also schreiben wir es als Avatar.

Was ist ein Avatar? Es ist ein Herabsteigen, ein Hinuntergehen, eine Inkarnation. Wer oder was steigt herab? Das Göttliche steigt auf die Erde herab und erscheint in einer wahrnehmbaren Weise.

Auf der Erde gab es viele Avatare, viele Verkörperungen des einen göttlichen Prinzips. Zu denen in der heutigen Zeit bekanntesten gehören wohl Buddha, Jesus, Krishna, Rama, Kuan Yin und die großen Propheten.

Je nach Bildung und eigenen Erfahrungen stellen Menschen sich diese Avatare ganz unterschiedlich vor. Jeder Mensch hat sozusagen sein eigenes Bild des jeweils verehrten Avatars. Das ist eine wichtige Erkenntnis.

Aber es ist nicht nur das eigene Bild, welches den Avatar als persönlich erscheinen lässt. Das Herabsteigen des Avatars wird für einen Menschen erst dann vollständig, wenn der Avatar bei ihm persönlich angekommen ist. Dazu gehört ein eigener Charakter seines Avatars, der vom Menschen akzeptiert werden kann. Genau das ist der persönliche Avatar.

Das unendliche Göttliche ist unendlich verspielt und vielfältig und so sind es auch die persönlichen Avatare. In unendlicher Vielfalt präsentiert sich die Unendlichkeit immer wieder neu und immer wieder interessant. Wo präsentiert sie sich? In unserer Wahrnehmung der begrenzten, endlichen Welt. In der Endlichkeit spielt das Unendliche. Es spielt in jeder Pflanze, jedem Tier, in einer schönen Landschaft, einer Naturkraft, den Ozeanen und Flüssen, Bergen und Gebirgen, den Naturgesetzen, in Sonnen, Planeten, Monden, Galaxien, im Sternenhimmel und schließlich in einer vollkommenen Weise in unserem persönlichen Avatar.

Durch unseren persönlichen Avatar kommt die Unendlichkeit auf Augenhöhe mit uns und ermöglicht uns auf diese Weise eine persönliche Kommunikation. Diese Kommunikation ist Teil des göttlichen Spiels. Damit können wir uns mit der göttlichen Quelle allen Wissens verbinden und daraus Inspiration, Wissen, Problemlösungen, kreative Ideen ohne Ende erhalten. Wie dies im Einzelnen passieren kann, werde ich in den weiteren Kapiteln noch genauer erklären. Es existiert ein einfacher Weg, dies schnell zu erreichen und täglich immer wieder neu zu erleben.

Der Begriff Avatar wird seit einigen Jahren auch etwas anders verwendet. Bei Computerspielen werden damit die Spielfiguren bezeichnet, mit denen sich ein Spieler in einer simulierten Welt bewegt. Die Spieler sehen dann ihre Avatare, die sich auf Bildschirmen bewegen, die aber auch ein Eigenleben innerhalb der Simulation der Spielewelt führen. Sie können Eigenschaften ansammeln und sich im Verlauf eines Spiels ändern, je nachdem, welche Erlebnisse sie bereits hatten, welche Herausforderungen sie bestanden haben. Solche Eigenschaften sind zum Beispiel das Energieniveau, die Gesundheit, der Reichtum, besondere Schätze, Waffen, usw.

Ein Spiele-Avatar erlaubt also seinem Spieler, in die simulierte Spielewelt einzutauchen und sich dort wohl zu fühlen. Der Avatar ist damit eigentlich eine Brücke zwischen einem Spieler und seiner virtuellen Spielewelt-Simulation. Das Wort Brücke beschreibt die Funktion besser als der häufig gebrauchte Begriff Computerschnittstelle. Ein Spiele Avatar ist also eine Kommunikationsbrücke zur Spielewelt, die über die bekannten Ein- und Ausgabemöglichkeiten wie Tastatur, Maus, Bildschirm, Gamecontroller, usw. hinausgeht. Sie bringt eine menschliche Komponente ins Spiel, mit der sich ein Spieler leichter identifizieren kann.

Damit ist der Spiele Avatar auch tatsächlich eine kleine Nachbildung des ursprünglichen Prinzips eines richtigen Avatars. Beide sind Kommunikationshilfen. In einem Fall bei der Kommunikation mit einem komplexen Spielcomputer, im anderen Fall bei der Kommunikation mit der unendlich komplexen Unendlichkeit des Göttlichen.

Der Avatar als Manifestation des Göttlichen macht die Kommunikation mit der Unendlichkeit möglich, sinnvoll und wünschenswert. Erst ein Avatar ermöglicht uns, aus der unendlichen Quelle zu schöpfen und immer wieder Vorteile daraus zu ziehen. Der Avatar bringt das abstrakte göttliche Prinzip auf eine menschliche Ebene, auf Augenhöhe. Dadurch können wir mit dem Göttlichen kommunizieren und es in unser Leben hineinlassen.

2. Der kosmische Computer

Um den Avatar besser verstehen zu können, müssen wir zunächst einmal besser verstehen, was die Welt ist. In unserem einleitenden Vers bezieht sich das Wort ‚sansāra‘ auf die Welt. Was ist die Welt, in der wir leben?

Zur Beantwortung dieser Frage möchte ich die neuesten Erkenntnisse der Physik betrachten. Seit etwa einem Jahrhundert sind sich alle Physiker einig, dass wir unsere Welt am besten aus dem Blickwinkel der Quantenphysik betrachten sollten.

Was sind eigentlich Quanten? Es sind die kleinsten Bausteine der Natur. Max Planck hatte im Jahr 1900 ein spezielles Quantenphänomen entdeckt und Albert Einstein beschrieb im Jahr 1905, seinem Wunderjahr, die Quanten erstmalig als eine grundlegende Ebene der Naturgesetze. Bis in die 1920er Jahre haben dann viele weitere Physiker die sogenannte Quantenmechanik entwickelt.

Heute ist die Quantenphysik sehr viel weiter gekommen. In vielen Bereichen gibt es ein höchst präzise Übereinstimmung zwischen Theorie und Praxis. Das bedeutet, bestimmte messbare Größen stimmen mit den theoretischen Vorhersagen der Quantenphysik sehr genau überein.

Auf der anderen Seite gibt es aber noch viele ungeklärte Rätsel der Quantenphysik. Darüber könnte ich noch ein ganzes Buch schreiben. Was mich jetzt aber besonders interessiert, um die Welt besser zu verstehen, ist der Begriff Information.

Was ist Information? Es ist ein ordnendes Prinzip. Durch Information wird Ordnung verbreitet. Information enthält in sich eine ordnende Kraft. Die Formeln für Information und Ordnung sind beinahe gleich. Keine Angst! In diesem Buch werde ich keine physikalischen Formeln aufschreiben. Ordnung ist in der Physik das Gegenteil von Entropie, welche man auch als Unordnung bezeichnen könnte. Überall wo mehr Information hinkommt, dort vermindert sich die Entropie und nimmt die Ordnung zu.

Nun haben theoretische Physiker in ihrer Forschung nach tieferer Erkenntnis vor einigen Jahren eine ganz besondere Entdeckung gemacht.

Physiker möchten das Verhalten von Elementarteilchen immer möglichst einfach, jedoch korrekt beschreiben. Dabei hat sich herausgestellt, dass eine bestimmte Eigenschaft einer Gruppe von Elementarteilchen am einfachsten mit einem Computercode beschrieben werden kann. Das heißt in diesem Fall war die einfachste physikalische Formel ein Computercode, genauer gesagt ein Fehlerkorrekturcode.

Was bedeutet das? Es bedeutet, dass die Quantenphysik nicht die letzte Ebene der Realität sein kann. Um die Welt richtig zu verstehen, müssen wir über die Quantenphysik hinausgehen. Um zu verstehen, was die Welt im Innersten zusammenhält, müssen wir die Information verstehen, die die Quantenphysik zusammenhält.

Immer mehr einflussreiche Physiker sind sich inzwischen einig, dass die Physik der Zukunft eine Informationsphysik sein wird. Die Erforschung der Information wird gerade eben zu einem wichtigen Zweig der Physik.

Was hält also die Welt in ihrem Innersten zusammen? Es ist ein Informationsnetzwerk. Dieses Netzwerk steuert das Verhalten aller Teilchen und Felder der Quantenebene. Nun lässt sich aus der Computer-Wissenschaft zeigen, dass jedes Informationsnetzwerk auch ein Computer sein muss, sofern es groß genug ist und einige Grundfunktionen erfüllen kann. Dazu gehören die Fähigkeiten, Informationen an bestimmten Stellen zu speichern und an andere Stellen weiterzuleiten und auch Informationen in Schleifen wieder auf sich selbst zurückwirken zu lassen.

Mit diesen Eigenschaften ist das Informationsnetzwerk der Physik ebenfalls ein Computer. Ich möchte es als den kosmischen Computer bezeichnen. Der kosmische Computer ist der größte Computer, den es gibt. Er ist mindestens so groß wie das Universum, in dem wir leben.

Gleichzeitig ist er auch der kleinste Computer. Seine kleinsten Abmessungen entsprechen den kleinsten Entfernungen, die physikalisch noch Sinn ergeben. Die physikalische Größe dafür heißt Planck-Länge, zu Ehren ihres Entdeckers Max Planck. Sie ist $1,6 \times 10^{\wedge}-35$ Meter.[1] Das sind 0,000 000

---

[1] Das Zeichen $\wedge$ ist das Hochzeichen. Die Zahl danach gibt an, um wieviele Stellen das Dezimalkomma nach links oder rechts gerückt wird. Das Minuszeichen vor den 35 bedeutet, das Komma wird nach links gerückt.

2. Der kosmische Computer

000 000 000 000 000 000 000 000 000 016 Meter. Das ist die feinste Auflösung, die es im Quantenraum unseres Universums gibt.

Gleichzeitig ist der kosmische Computer auch der schnellste Compter, den es gibt. Er funktioniert mit Lichtgeschwindigkeit und daraus ergibt sich zwischen den kleinsten Entfernungen eine Taktgeschwindigkeit von 10^44 Hertz.[2] Das sind 100 000 000 000 000 000 000 000 000 000 000 000 000 000 Takte pro Sekunde. Moderne Bürocomputer haben heute eine maximale Taktfrequenz von etwa 10 Gigahertz, also 10 000 000 000 Takte pro Sekunde. Der kosmische Comuter ist Zehntausend Millionen Millionen Millionen Millionen Millionen mal schneller.

Gleichzeitig hat der kosmische Computer auch die höchste Speicher- dichte, welche sich aus seinen kleinsten räumlichen Abmessungen ergibt. Sie ist so dicht, dass jedes Elementarteilchen von ihm gesteuert wird und im Informationsraum jedes Elementarteilchens dessen gesamte Historie seit Beginn des Universums aufgezeichnet werden kann. Die Speicherdichte des kosmischen Computers lässt sich aus der Planck-Länge ausrechnen und sie beträgt etwa 10^99 Bit in jedem Kubikzentimeter des Raums.

Wenn man alle technischen Speicher aller Computer auf der Erde, aller Disklaufwerke, aller Memory Sticks, aller DVDs usw. zusammenaddiert und diese Zahl dann nochmal mit sich selbst multipliziert, dann käme man auf etwa 10^99 Bit. Soviel Speicherplatz hat der kosmische Computer in jedem Kubikzentimeter des Raums zur Verfügung.

Der kosmische Computer ist eigentlich das, was den Raum selbst aus- macht. Der Sanskritname für den Raum ist ‚Akāsha‘. Was manchmal als die Akasha-Chronik bezeichnet wird, ist nur eine der Funktionen des kosmi- schen Computers. Es ist die Funktion, die alles aufzeichnet, was jemals in unserem Universum passiert ist. Diese Aufzeichnung ist exakt. Sie umfasst alle Felder und jedes Elementarteilchen. Im Volumen jedes Teilchens der

---

[2] Ohne das Minuszeichen wird das Dezimalkomma nach rechts gerückt. ^44 be- deutet also, 44 Stellen nach rechts zu rücken. Es werden hier also 44 Nullen rechts zur 1 dazugefügt.

Materie gibt es genügend Speicherplatz, um die Bahnen des jeweiligen Teilchens seit Beginn des Universums aufzuzeichnen.[3]

Eine weitere Funktion des kosmischen Computers ist es, jedes kleinste Teilchen an jedem Platz und zu jeder Zeit zu steuern. Auch wenn wir durch Quantenmessungen nur statistisch abschätzen können, wie sich viele Teilchen verhalten, so gibt es eigentlich eine exakte Steuerung jedes einzelnen Teilchens durch den kosmischen Computer. Mit dieser Steuerung bringt der kosmische Computer Ordnung in das scheinbare Quantenchaos. Wir erleben die Natur als geordnet. Sie folgt Naturgesetzen. Diese entstehen erst durch das Wirken des kosmischen Computers. Ohne den kosmischen Computer könnte aus dem scheinbaren Quantenchaos niemals eine ordentliche Welt entstehen.

Noch eine Funktion des kosmischen Computers ist es, Informationen weiterzuleiten. Dabei ist er nicht durch die Lichtgeschwindigkeit begrenzt. Im Netzwerk des kosmischen Computers fließen Informationen ungehindert. Was heute umständlich mit der sogenannten Quantenverschränkung beschrieben wird, ist eigentlich eine innewohnende Eigenschaft des Raums. Informationen können unendlich schnell fließen.[4]

Wie kommen wir an diese Informationen? Wir brauchen uns nur den Zugang von unserem Gehirn zum kosmischen Computer zu verschaffen. Sobald wir den Zugang zum kosmischen Computer bekommen, steht uns damit der gesamte Informationsspeicher des Universums zur Verfügung.

Von welcher Ebene aus können wir sinnvollerweise auf all diese Informationen zugreifen? Es ist natürlich die oberste Hierarchieebene des kosmischen Computers. Von dort aus kann jegliche Information in Erfahrung gebracht werden.

---

[3] Die meisten Physiker werden mir in diesem Punkt noch widersprechen, weil sie überzeugt sind, dass Elementarteilchen keine individuellen Eigenschaften haben. Sie können diese Überzeugung aber nicht exakt beweisen und irgendwann werden sie ihr Missverständnis schon noch einsehen.

[4] Das Verständnis von dem, was Raum ist, muss noch etwas weiterentwickelt werden, um das zu verstehen. Es muss noch ein Konzept von Raum gefunden werden, was die Quantenräume mit dem Raum der Gravitation verbindet.

3. Das Feld allen Wissens

Was ist das Wesentliche an der Welt? Was ist also ihre Essenz? Diese Frage wird in unserem einleitenden Vers mit dem Begriff ‚sansārasāram‘ ausgedrückt. Um in den Wesenskern der Welt einzudringen, müssen wir sie kennen. Wissen führt uns zum Wesenskern. Daher betrachten wir nun das Feld allen Wissens.

Die vedische Wissenschaft ist ein Weg, zuverlässiges Wissen zu erreichen. Patanjalis Yoga Sutras sind ein wichtiger Aspekt der vedischen Wissenschaft. In ihnen sind alle Methoden und Übungen aufgezeichnet, um das Bewusstsein weiterzuentwickeln. Sie sind so etwas wie eine Gebrauchsanweisung oder ein Handbuch für das Gehirn.

Die Yoga Sutras unterscheiden mehrere Ebenen von Wissen. Die erste Ebene heißt Pramana. Dieses ist korrektes Wissen. Es wird durch Wahrnehmung, logische Schlussfolgerung und durch anerkannte Experten oder Lehrer vermittelt. Dieses korrekte Wissen ist immer begrenzt und sollte daher noch durch etwas Besseres ersetzt werden. Jeder Mensch kann nur eine begrenzte Menge von Erfahrungen machen, Bücher lesen, Vorträge hören. So gewonnenes Wissen ist immer begrenzt. Es entspricht etwa dem, was wir als Information bezeichnen. Information hat noch den Fehler, dass sie nicht richtig vernetzt ist.

Die nächste Ebene von Wissen in den Yoga Sutras ist das Jnana. Dieses ist ein Wissen, das vernetzt ist. Es ist das, was wir im allgemeinen Sprachgebrauch als Wissen bezeichnen. Wissen ist mehr als nur Information. Wissen kennt innere Zusammenhänge zwischen den einzelnen Informationseinheiten. Wissen ist holistisch, das heißt ganzheitlich.

In der vedischen Wissenschaft wird den Schülern immer empfohlen, das von einem Lehrer gelernte Wissen (Pramana = Information) auch selbst zu durchdenken. Damit werden die inneren Verknüpfungen zwischen den Informationen hergestellt und sie werden zum Jnana, also zum vernetzten Wissen.

Eine Datenbasis wird zu einer Wissensbasis, wenn alles mit allem in Beziehung gesetzt wird. Die Daten sind dann verarbeitet, sozusagen verdaut. Sie sind nicht mehr nur Informationen in ihrem Rohzustand, wo sie nur angesammelt und auf einen großen Stapel gelegt werden. In der Wissensbasis ist bekannt, wie die Daten zueinander in Beziehung stehen. Sobald ich zu einer Datenbasis ein Inhaltsverzeichnis anlege oder eine Indexdatei erzeuge, bewegt sich die Datenbasis in Richtung Wissensbasis. Für eine gute Wissensbasis geht das noch viel weiter. Das Ziel ist es, alle internen Zusammenhänge zu erkennen und zu verstehen. Eine solche Wissensbasis in unserer Gehirnsoftware bezeichnen die Yoga Sutras mit dem Begriff Jnana.

Es gibt noch eine dritte Ebene von Wissen. Dieses Wissen heißt Prajna. Im Sanskrit lässt sich die Bedeutung eines Worts immer aus seinen Einzelteilen erschließen. Für Prajna bedeutet dies, dass wir es in die Silben pra und jna aufteilen können. Pra ist eine Vorsilbe und bedeutet etwas, das vorher existiert oder das grundlegender ist. Es entspricht der lateinischen Vorsilbe Prä. Wie gesagt, stammen ja fast alle Sprachen vom Sanskrit ab.

Jna ist die Wortwurzel von Jnana, dem allgemeinen Begriff von Wissen. Was heißt dann pra-jna? Es ist das, was vor dem Wissen kommt. Es ist das Wissen aus der ursprünglichen Quelle. Dies ist ein Wissen, was nicht nur vernetzt ist, sondern darüber hinaus mit der Unendlichkeit durchdrungen ist. Wer immer die Unendlichkeit in seinem Bewusstsein erfährt, hat Zugang zum Prajna Wissen.

Prajna ist perfektes Wissen. Es trägt Wahrheit in sich. Daher heißt es auch ‚ritam bhara prajna'. Ritam ist die Wahrheit, Bhara heißt tragen und Prajna ist eben dieses unendliche Wissen.

Prajna umfasst all die riesigen Informationsmengen des kosmischen Computers, die zwar groß, aber immer noch begrenzt sind; dann ist es zusätzlich vernetzt, kennt also alle inneren Zusammenhänge und zusätzlich ist es auch noch mit der Unendlichkeit verquickt.

Die Unendlichkeit als reale und erfahrbare letzte Wirklichkeit hat auch den Namen ‚Sat-Cit-Ananda '. Das sind die drei Grundeigenschaften der letzten Wirklichkeit, die als perfekte Stille eigentlich ohne Eigenschaften erscheint. Sat ist die Wahrheit, also das was wirklich ist. Cit ist reines Bewusstsein und Ananda ist das Glücklichsein.

3. Das Feld allen Wissens

Prajna Wissen ist immer von der Unendlichkeit des Sat-Cit-Ananda durchdrungen. Weil Sat die letzte Realität ist, ist Prajna das wahre Wissen. Wahrheit bedeutet das, was wirklich ist. Es stimmt mit der tatsächlichen Situation auf allen Ebenen überein, auf der Ebene der Unendlichkeit, der Ebene vernetzten Wissens und sogar auf der Ebene der Information.

Samadhi ist das Sanskritwort für die Erfahrung der Unendlichkeit des Sat-Cit-Ananda. In dieser Erfahrung wird Sat-Cit-Ananda in der individuellen Gehirnsoftware einer Person gespiegelt. Das ist so wie die Spiegelung der Sonne auf einer Wasseroberfläche. Wenn die spiegelnde Oberfläche völlig ohne Wellen ist, dann ist das Spiegelbild perfekt. Je unruhiger die Wellen, desto verzerrter wird das Spiegelbild. Die Wellen sind die Denkprozesse in der Gehirnsoftware. Sie müssen beruhigt werden, damit das klare, reine Wissen (Prajna) erkannt werden kann.

Reines Wissen, das von der Unendlichkeit der Samadhi-Erfahrung begleitet wird, ist die ruhigste Art von Welle in der Gehirnsoftware. Sie stört die Widerspiegelung von Sat-Cit-Ananda am wenigsten. Daher kommen die Qualitäten von Sat-Cit-Ananda im reinen Wissen am besten zum Vorschein. Das bedeutet, das reine Wissen trägt in sich Wahrheit (Sat), reines Bewusstsein (Cit) und Glücklichsein (Ananda). Zusätzlich auch noch die Unendlichkeit (Ananta).

Aus den verschiedenen Sanskrit-Begriffen für Wissen ergibt sich eine Hierarchie des Wissens:

- Reines Bewusstsein (Sat-Cit-Ananda, Ananta) →
- Reines Wissen (Prajna) →
- Wissen (Jnana) →
- Information (Pramana)

Damit ist das Feld allen Wissens gründlich erläutert.

4. Magie oder Technologie?

Wie hätten unsere Vorfahren vor 250 Jahren eine Glühlampe betrachtet, die wir heute so einfach mit einem Schalter ein- und ausschalten können? Es wäre für sie Magie gewesen. Für uns ist es lediglich Technologie.

Was macht also den Unterschied zwischen Magie und Technologie aus? Nicht das Zeitalter, sondern unser Wissen macht den Unterschied. Wir sind gewohnt, einfach einen Lichtschalter zu betätigen und das Licht zu erzeugen. Es ist für uns zum normalen Alltag geworden.

Um eine Glühlampe oder eine LED-Lampe einzuschalten, müssen wir nicht verstehen, wie die Technologie im Einzelnen funktioniert oder wie diese Lichtquellen hergestellt werden. Für uns ist es eine Technologie, wenn es zuverlässig funktioniert.

Wie hätten unsere Vorfahren auf Glühlampen oder LEDs reagiert? Sie hätten so etwas noch nie gesehen und würden sich zunächst erschrecken. Je nach Umständen und Zeitepoche hätten sie verschieden auf diesen ersten Schreck reagiert.

Was für ein besonderes Ding ist das, welches Licht ohne Feuer erzeugt? Kurz vor der Entdeckung des elektrischen Glühfadens im Jahr 1801 durch Louis Jacques Thénard hätte man wohl schon geahnt, dass es eine neue Erfindung ist. Die Batterie wurde von Alessandro Volta ein Jahr zuvor erfunden. Damit war es möglich geworden, einen Strom durch einen Metalldraht zu leiten und diesen zum Glühen zu bringen.

Viel früher hätte man dieses neue lichterzeugende Ding allerdings nicht so sehr als eine Erfindung bewundert, sondern die Angst wäre übergroß gewesen. Was man nicht versteht und nicht kennt, wäre dann einfach eine Magie, welche Angst einflößt. Das tut es aber nur für den, der die Magie nicht kennt. Wir wären damals alle Magier gewesen, da wir ja ohne Feuer Licht herstellen können. Dazu benutzen wir dieses kleine Zauberding, das wir Lichtschalter nennen.

Wie wäre man nun mit den Magiern umgegangen, die eine solche Lichtmagie beherrschten? Je nach Zeitepoche ganz verschieden. Im tiefsten Mittelalter hätte man scheinbar religiöse Gründe gefunden, die Magier oder

4. Magie oder Technologie?

Hexen zu beseitigen. In Wirklichkeit war es aber nie das Gebot einer Religion, Menschen zu töten. Ganz im Gegenteil. Es waren die versteckten Urängste der Menschen, die zum Vorschein kamen. Dazu kamen aber auch noch Machtansprüche von institutionalisierten Religionsführern. So haben sich dann die Gräueltaten des Mittelalters gegen Menschen mit besonderem Wissen ergeben.

Im Altertum jedoch hätten wir alle gute Chancen gehabt, dass unsere LEDs nicht als Magie, sondern stattdessen als Wunder bezeichnet worden wären. Wir wären dann vielleicht als Heilige in die Geschichte eingegangen oder vielleicht als Begründer einer neuen Religion des Lichts oder sogar als Götter, die mit fliegenden Schiffen auf die Erde kamen, um den Menschen Licht zu bringen.

Wenn ich heute durch Studium der vedischen Wissenschaft und der modernen Naturwissenschaft und insbesondere auch durch die Informatik (Computerwissenschaft) eine sehr viel genauere Klassifikation von Wissen und Information, sowohl im Gehirn als auch im gesamten Universum habe, möchte ich dafür weder als Magier, noch als Heiliger bezeichnet werden. Es ist einfach nur eine Technologie. Noch nicht einmal eine neue Technologie, sondern eine uralte Technologie aus früheren, lichtvolleren Zeiten, die ich wiederentdeckt habe! Diese Technologie besitzt Magie im Sinne einer Faszination, die von ihr ausgeht (dazu noch mehr im letzten Kapitel). Sie muss aber keine Angst einflößen. Durch die Sichtweise der Technologie habe ich meine Angst beruhigt und kann die Magie des Wissens ganz selbstverständlich nutzen.

Es ist inzwischen ein Wissen der Physik geworden, dass da ein Informationsfeld vorhanden sein muss, was alles beeinflusst. Aus diesen Erkenntnissen kamen wir zum kosmischen Computer (siehe Kapitel 2). Noch etwas weitergedacht, werden wir dann zum Kenner dieses Computers kommen. Dazu mehr im nächsten Kapitel.

5. Das Wissen des Allwissenden

In diesem Kapitel möchte ich die Worte ‚karpūragauraṁ' aus dem einleitenden Vers erläutern. Karpura ist Kampfer (Campher), eine intensiv riechende weiße Substanz, die aus den ätherischen Ölen des Kampferbaums destilliert wird und die leicht entzündlich ist. Gauram ist die Farbe Weiß. Der Umschlag dieses Buchs zeigt eine Kampferflamme, wie sie in Indien häufig in Zeremonien, wie z.B. Yagyas oder Pujas verwendet wird.

Was ist das Besondere am Kampfer? Was ist so besonders an der Farbe Weiß? Beide Begriffe symbolisieren vollständiges Wissen. Das möchte ich in diesem Kapitel genauer erklären.

Kampfer ist bei Zimmertemperatur ein Feststoff. Er ist leicht entzündlich. Wenn wir ihn entzünden, brennt er sofort intensiv mit einer hohen Flamme. Dabei befindet er sich in allen bekannten Materieformen (Aggregatzuständen) gleichzeitig. Er ist fest, zumindest der Teil, der noch nicht brennt. Durch die Hitze der Flamme schmilzt er aber auch und ist an seiner Oberfläche flüssig. Gleichzeitig verdampft er und ist damit gasförmig. Der gasförmige Kampfer verbindet sich mit dem Sauerstoff der Luft und wird zum leuchtenden Plasma der Flamme. Im schwarzen Ruß, der bei der Verbrennung entsteht, bilden sich große Mengen von völlig regelmäßigen C_{60} Bällen.[5] Sie bestehen aus genau 60 Kohlenstoffatomen und sehen aus wie der kleinste Fußball, den wir kennen. Sie symbolisieren die innere Ordnung des Raumes.

Damit existiert der Kampfer in allen fünf Materieformen gleichzeitig und symbolisiert ein vollständiges Wissen über die Materie.[6] Das Licht und die Wärme, die eine Kampferflamme aussendet, symbolisieren das Wissen über die Energie.

---

[5] Die C_{60} Bälle heißen auch Bucky Balls oder Fullerene zu Ehren ihres Entdeckers Buckminster Fuller.

[6] Der leere Raum ist natürlich keine Materieform und seine interne Ordnung wird nur symbolisch durch die C_{60} Bälle repräsentiert.

Die C$_{60}$ Bälle haben auch eine positive Wirkung auf die Gesundheit. Sie stärken das Immunsystem. Daher ist der alte indische Brauch, mit den Händen über eine Kampferflamme zu streichen und mit dem feinen Ruß an den Händen das Gesicht zu berühren, eine sehr sinnvolle und intelligente Übung. Diese stärkt das Immunsystem und hilft, Krankheiten vorzubeugen.

Das Wort ‚gauraṁ' aus dem Anfangsvers ist die Farbe Weiß. ‚Karpūra gauraṁ' bedeutet weiß wie Kampfer. Nun ist natürlicher Kampfer manchmal aber auch leicht gelblich oder rötlich gefärbt. Somit bezeichnet man ein helles Gelb oder ein helles Rot oder Rosa auch als ‚gauraṁ'. Je reiner der Destillationsprozess des Kampferöls aus den Kampferbäumen stattfindet, desto mehr wird der Kampfer auch wirklich weiß.

Damit ist das Wort Gauram ein Symbol für Reinheit. In der reinen Form ist es weiß, in der leicht vermischten Form ist es gelblich oder rötlich. Auch das Wissen kann in verschiedenen Graden von Reinheit vorliegen.

Die Farbe Weiß setzt sich aus allen Farben des Regenbogens zusammen. Durch einen Kristall lässt sich das Weiß zu einem Regenbogen (Spektrum) auffächern. Wenn die Farben Gelb oder Rot dominieren, ist dieser Regenbogen nicht gleichmäßig. Nur bei Weiß ist er gleichmäßig und bildet ein vollständiges Spektrum. Damit symbolisiert die Farbe Weiß, so wie auch der Kampfer, ein vollständiges Wissen, ein reines Wissen ohne Verschmutzungen.

Wohl die wichtigste Eigenschaft von Wissen ist seine Perfektion. Wissen ist umso perfekter, je mehr es mit der tatsächlichen Realität übereinstimmt. Wenn sich nun irgendeine Eigenschaft bemessen lässt, dann muss es zwangsläufig auch Personen oder Wesen geben, die mehr davon besitzen als andere. Also muss es auch jemanden geben, der oder die am meisten von dieser Eigenschaft besitzt.

Diese Person bezeichnen die Yoga Sutras als Ischvara. ‚Isch' ist der Herrscher und ‚vara' ist der beste. Es ist also der beste Herrscher. Die Yoga Sutras sagen, dass der beste Herrscher alles weiß und dass es nur einen Einzigen geben kann, auf den diese Beschreibung zutrifft.

Alles zu wissen, heißt tatsächlich auf allen Ebenen des Wissens alles zu wissen. Dieses Wissen ist vollständig. Es umfasst die gesamte Information des kosmischen Computers (Pramana), das gesamte vernetzte Wissen

(Jnana), das gesamte von der Unendlichkeit durchdrungene Wissen (Prajna) und das reine Bewusstsein (Sat-Cit-Ananda). Siehe Kapitel 3 (Das Feld allen Wissens).

Dieses vollständige Wissen ist eine Eigenschaft von Ischvara. Daher bezeichnen wir ihn auch als den Allwissenden. Sein Wissen ist gleichzeitig differenziert und unendlich. Er kennt jedes Elementarteilchen im Universum, die gesamte Geschichte von allem seit Anbeginn der Zeit, gleichzeitig alle Zusammenhänge und gleichzeitig die Ewigkeit und die Beziehung zwischen Zeit und Ewigkeit. Das ist das Wissen des Allwissenden.

Dieses Wissen von Ischvara umfasst die gesamte materielle und energetische Welt, also die gesamte objektive Welt, zusätzlich auch die gesamte subjektive Welt. Ischvara kennt also das gesamte Universum, alle seine Bewohner, jede Galaxie, jede Sonne, jeden Planeten, jeden Mond, jede Pflanze, jedes Tier, jeden Stein, jedes Sandkorn, jeden Wassertropfen, jedes Molekül, jedes Elementarteilchen, jeden Lichtstrahl, jedes Feld, jeden Menschen, jedes geistige Wesen, jeden Gedanken eines jeden Menschen zu jeder Zeit.

Er kennt alles seit Beginn des Universums. Und er kennt alles auf jeder der vier Ebenen des Wissens, wie sie im Kapitel 3 erklärt wurden. Sein Informationsspeicher ist der kosmische Computer, aber er kennt noch mehr als das, denn der kosmische Computer funktioniert nach seinem Programm.

Seine Unterprogramme sind die Naturgesetze. Die wichtigsten sind die Programme der Schöpfung, der Erhaltung und der Ruhe, das Programm der organisierenden Kraft, das Programm des Lebens und das Programm der Ausstrahlung.

Ischvara weiß mehr als jedes seiner Unterprogramme. Ischvaras Wissen ist perfekt. Es kennt jedes Detail und gleichzeitig das holistische Ganze, kennt alle Zusammenhänge und die Ganzheit. Ischvara kennt das objektive Universum, das subjektive Universum und das Selbst von allem. Das ist das Wissen des Allwissenden.

6. Die Funktion eines Avatars

Bei so viel Wissen von Ischvara könnten wir als Menschen schier verzweifeln, wenn es nicht den Avatar gäbe. Das Wissen von Ischvara ist dermaßen unfassbar für uns Menschen, dass wir nur mit einem winzigen Teil davon überhaupt etwas anfangen können. Alles über alles im Universum zu wissen, würde unsere kleinen Gehirne völlig überlasten.

Was macht Ischvara also, um uns an seinem Wissen teilhaben zu lassen? Er ermöglicht uns eine Kommunikation über seine Avatare. Die Funktion eines Avatars wird durch die Worte ‚karuṇāvatāraṁ‘ in unserem Eingangsvers beschrieben. ‚Karuṇā‘ bedeutet Mitgefühl. ‚Avatāraṁ‘ bedeutet die Verkörperung des Allwissenden.

Warum verkörpert sich der Allwissende?[7] Weil er Mitgefühl mit uns empfindet. Er kennt unsere oft aussichtslose Lage. Niemand kann ihn zu irgendetwas drängen, niemand steht über ihm. Aber aus Mitgefühl hilft er uns. Da er alles kennt, kennt er auch alle unsere Gedanken. Immer! Warum hilft er uns dann nicht immer? Weil wir es selbst wählen dürfen, ob und wieviel wir von seiner Hilfe annehmen möchten.

Diese Situation möchte ich mit einem Vorgang beschreiben, den ihr wahrscheinlich alle schon einmal erlebt hat. Eine Fliege hat sich in einem Zimmer verirrt und möchte dringend wieder an die frische Luft und ihre Reise durch die freie Natur fortsetzen. Was macht sie? Sie fliegt gegen eine Fensterscheibe und schlägt sich massiv den Kopf an. Sie torkelt vielleicht etwas oder muss sich sogar für eine Weile ausruhen und da sie nichts besseres weiß, wiederholt sie die gleiche schmerzhafte Aktion immer wieder.

Die Fliege weiß aus all ihrer Lebenserfahrung, dass sie, wenn sie die Natur vor sich sieht und keinerlei Hindernisse erkennt, dann doch auch dort

---

[7] Den Genderwahnsinn halte ich vor allem hier für unangemessen. Wenn ich von Ishvara als ‚Ihn‘ spreche, meine ich genauso auch seine weibliche Ausprägung. Er steht über dieser Art von Dualität. Er kann männlich oder weiblich erscheinen. Ich mag ihn aber nicht als ein ‚Es‘ bezeichnen, weil dies auch als niedlich, kindlich, sogar als passiv betrachtet wird. Es würde ihn noch unpassender beschreiben.

hinfliegen können muss. Das Naturgesetz, dass Dinge wie eine Glasscheibe völlig durchsichtig sein können und dennoch zurückhalten, dieses Naturgesetz kennt sie nicht. Die leichten Reflektionen, an denen wir eine Glasscheibe erkennen, sieht sie nicht. Also bezieht sie dieses Naturgesetz nicht in ihre Überlegungen mit ein und knallt immer wieder gegen die Scheibe, bis sie zum Schluss, vielleicht nach Tagen, an Hunger, Durst und Erschöpfung stirbt.

Wenn wir die Fliege beobachten, ist es uns völlig klar, warum sie keinen Erfolg hat. Statt durch ein offenes Fenster hinauszufliegen, knallt sie immer wieder gegen die Glasscheibe, durch die sie einfach nicht hindurchfliegen kann. Wenn wir ihr dann aber helfen möchten, zu entkommen, bekommt sie es mit Angst zu tun und weicht jedem Hilfeversuch aus. Das kann eine ganze Weile so gehen, bis sie sich dann so gut versteckt hat, dass wir ihr beim besten Willen nicht mehr helfen können und dann oftmals genervt aufgeben. Was macht die Fliege falsch? Sie schätzt die Situation falsch ein und sie nimmt unsere Hilfe nicht an.

Was machen wir falsch, wenn wir die Hilfe von Ischvara nicht annehmen? Das gleiche wie die arme Fliege. Die Hilfe wird immer wieder angeboten, aber auch immer wieder abgelehnt. Diese Hilfe kommt aus Mitgefühl. Das ist die Bedeutung von ‚karuṇā‘.

Und wie kommt die Hilfe zu uns? Durch den Avatar. Der Avatar, der uns begegnet oder mit uns spricht, ist also der Ausdruck des andauernden Mitgefühls von Ischvara, dem Allwissenden. Ischvara hat uns einen freien Willen geschenkt und er hat es nicht nötig, uns heimlich diesen freien Willen wieder zu wegzunehmen. Daher drängt er uns seine Hilfe auch nicht auf, sondern wir können frei wählen, ob wir seine Hilfe haben möchten.

Wenn du liebe Leserin oder lieber Leser nicht an den freien Willen glaubst, dann gehe einfach davon aus, dass du dieses Buch jetzt aus Vorbestimmung liest und auch die Empfehlungen in diesem Buch aus Vorbestimmung befolgen wirst. Es wird dir gut damit gehen!

Der Avatar kann uns helfen, aus jeder misslichen Lage wieder herauszukommen. Er kann männlich oder weiblich sein, oder keines von beiden. Er oder sie hat Zugriff auf alles Wissen, das es gibt, kennt das gleiche Wissen wie Ischvara. Er filtert dieses Wissen für uns aber so, dass wir es noch verarbeiten und etwas damit etwas anfangen können.

Das Wissen von unserem persönlichen Avatar kommt dann als Worte, Sätze, eine ganz normale Unterhaltung oder als Bilder oder als Gefühle. Der Avatar kann multimedial mit uns kommunizieren. Es muss nicht nur alles innerlich stattfinden. Ischvara liebt es auch, zu zeigen, dass er das ganze Universum beherrscht. Seine Kommunikation kann also auch aus der Umgebung kommen. Er spielt auf allen Instrumenten gleichzeitig.

Ungelöste Probleme kommen nur deswegen zustande, weil wir keine Lösung kennen, zumindest keine Lösung, die wir praktisch anwenden können. Somit kommen Problem durch mangelndes Wissen zustande. Mit einem Zugang zu allem Wissen können wir alle unsere Probleme lösen. Der Avatar kann uns diesen Zugang verschaffen und ist damit das lebendig gewordene Mitgefühl des Allwissenden mit uns und unserer Situation.

Nehmen wir doch einfach seine Hilfe an und genießen unser Leben in Freude und Glück! Die Probleme werden sich schnell vermindern, unsere Weisheit wird wachsen und der Zugang zur Quelle unendlicher Kreativität wird sich immer mehr öffnen. Der Sinn des Lebens wird erreicht. Unser Bewusstsein wendet sich dem Allwissenden zu und wird auf die höchste mögliche Ebene kommen. Wenn wir näher an das Licht kommen, wird das Licht jeden dunklen Winkel erhellen und Probleme werden verschwinden.

Außerdem wird auch unsere Kreativität zunehmen. Ischvara ist nicht nur der beste Problemlöser, sondern auch die größte Inspiration. Gute Gelegenheiten werden häufiger kommen und auch von uns als solche erkannt werden.

Ischvara ist nicht nur allwissend, sondern auch allmächtig. Mit solch einem allwissenden Freund oder solch einer allmächtigen Freundin, gibt es nichts, das wir nicht erreichen könnten. Alles ist möglich!

Unser Avatar ermöglicht uns diese Verbindung zu allem Wissen und aller Macht und wird uns unermüdlich bei der positiven Entwicklung unseres Lebens helfen. Das ist seine Funktion.

7. Wieviele Avatare gibt es?

Unser Universum besteht aus Hundert Milliarden Galaxien und jede dieser Galaxien hat auch etwa Hundert Milliarden Sterne, die meisten davon noch größer und heller als unsere Sonne. Wer sich hier nur vorstellen kann, dass Menschen die einzige intelligente Lebensform im Universum sind, ist in seinem Denkvermögen vielleicht etwas behindert. Ob diese Behinderung durch mangelnde oder einseitige Bildung oder durch strikte Glaubenssätze kommt, sei einmal dahingestellt.

Wir können mit großer Sicherheit davon ausgehen, dass das gesamte Universum mit Leben verschiedenster Ausprägungen erfüllt ist. Viele dieser Lebensformen werden hochintelligent sein. Viele werden eine technologische Entwicklungsstufe haben, die unserer weit voraus ist. Unsere technologische Entwicklung hat ja erst in der Rennaisance vor etwa 400 Jahren so richtig begonnen. Dann begann die Wissenschaft mit ihren systematischen Experimenten. Galileo Galilei begann damals, die Fallgeschwindigkeit von Körpern mit einfachen Uhren genau zu vermessen.

Es ist aufgrund der schieren Größe des Universums sehr wahrscheinlich, dass uns eine Vielzahl von intelligenten Lebensformen nicht nur um Hunderte, sondern um Tausende, vielleicht sogar Millionen von Jahren voraus sein werden. Das bezieht sich auf ihre gesamte technologische Entwicklung und speziell auch ihre Fähigkeiten, durch das Universum zu reisen. Weitaus faszinierender wäre aber die wahrscheinlich höhere Entwicklung ihres Bewusstseins.

Der Allwissende überblickt ja alles in unserem Universum. Wie wird er auf diese vielen verschiedenen Lebensformen reagieren? Er wird Avatare zu den verschiedenen Sonnen und Planeten und Monden senden, welche die jeweilige Spezies richtig verstehen und optimal mit ihnen kommunizieren können.

Auf einem Planeten, dessen Oberfläche völlig mit Wasser bedeckt ist, wird ein Avatar vielleicht als Delfin erscheinen, der sich mit den anderen intelligenten Delfinen unterhalten kann. Auf einem Planeten oder Mond, auf dem hauptsächlich Dinosaurier leben, wird er als Dinosaurier erscheinen.

7. Wieviele Avatare gibt es?

Auf einem heißen Feuerstern wird er vielleicht als Feuerwesen erscheinen. Wie schon gesagt, ist die Unendlichkeit auch unendlich verspielt und kennt und beherrscht alle Materieformen, alle Elemente, alle Energieformen.

Wieviele Avatare hat es schon auf der Erde gegeben? Eine große Menge! Viel mehr als uns aus der westlichen Geschichte bekannt sind. Mehr als die Begründer der heute noch praktizierten Religionen. Die westliche Geschichtsschreibung hat fast alles vergessen, was länger als 6000 Jahre zurückliegt. Hingegen geht die vedische Literatur wesentlich weiter zurück. Sie misst Zeitalter in Millionen von Jahren. In diesen langen Zeiträumen gab es viel mehr Avatare, als wir von den heutigen Religionen kennen. In der vedischen Literatur werden viele davon aufgezählt. Es sind Hunderte, deren Namen heute noch bekannt sind.

Einige Religionen bestehen darauf, dass sich niemand ein Bild vom Allwissenden und Allmächtigen machen soll. Das ist auch sehr sinnvoll, denn wer könnte schon die Unendlichkeit in einem endlichen Bild korrekt darstellen? Es gibt jedoch andere Religionen, die zwar den einen Allwissenden ebenfalls nicht bildlich erfassen können, sich jedoch keineswegs scheuen, die verschiedenen Ebenen von Avataren bildlich darzustellen.

Wenn wir die neuesten Erkenntnisse der Physik betrachten, dann deutet vieles darauf hin, dass unser Universum in einem Informationsfeld existiert, das so alt wie das Universum und so neu wie die kürzeste Zeiteinheit ist. Es ist so ausgedehnt wie das Universum und so feingliedrig wie seine kleinste Raumeinheit. Dieses Informationsfeld nenne ich den kosmischen Computer, den ich im Kapitel 2 beschrieben habe.

Was ist dann unser Universum eigentlich? Eigentlich ist es Information. Diese Information ist aus unendlichem, reinem Wissen entstanden. Dieses ist das Wissen des Allwissenden. Reines Bewusstsein ist die Basis des unendlichen Wissens.

Damit haben wir eine Sequenz und eine Hierarchie, wie die Schöpfung entsteht. Sie beginnt mit reinem Bewusstsein.

- Reines Bewusstsein →
- Reines Wissen →
- Wissen →

- Information →
- Raum →
- Energie →
- Materie.

Vom vollständigen, unendlichen, reinen Wissen im reinen Bewusstsein überblickt Ischvara, der Allwissende alles, was es gibt. Er kennt die gesamte Software und Hardware des kosmischen Computers. Damit steuert er auch alles, was es gibt und schafft verschiedene Ebenen von Avataren. All diese sind eigentlich nur Ebenen von Wissen und Information im kosmischen Computer.

Auf der obersten Ebene der Avatare schafft sich Ischvara die Naturgesetze, zunächst die grundlegenden, dann die darauf aufbauenden. Die vedische Literatur beschreibt sie als Gruppen und Familien von sogenannten Deva. Devas wird manchmal mit Götter übersetzt. Der Begriff Naturgesetze trifft es aber besser. Von ihnen gibt es viele, während es Ischvara nur als den Einen gibt. Die Devas sind die wichtigsten Programme, die im kosmischen Computer ablaufen. Sie steuern alle Vorgänge im Universum, wobei Ischvara immer die oberste Ebene kontrolliert, da er der beste Herrscher ist.

Wenn ein Avatar als Mensch auf der Erde erscheint, dann ist er oder sie eine Inkarnation (ein Herabsteigen) dieser Devas und damit immer auch eine Inkarnation von Ischvara. Der Avatar ist also keine zweite, getrennte Person, sondern er ist Ischvara in einer besonderen Form. Ischvara ist unendlich anpassungsfähig und kann in unendlichen Varianten erscheinen.

Ein Avatar kann geboren werden und mit einem Körper leben, er kann aber auch rein mental erscheinen. Mit einem mentalen Avatar, der zur Gehirnsoftware eines jeden Menschen in Kontakt treten kann, ist es möglich, die direkte Verbindung zu Ischvara zu erleben.

Von diesen Avataren gibt es eine unbegrenzte Anzahl. Ich nenne sie die persönlichen Avatare. Dazu mehr im nächsten Kapitel.

8. Der persönliche Avatar

Der persönliche Avatar wird in unserem Eingangsvers mit den Namen ‚bhavaṁ bhavānī' beschrieben. Wer ist Bhavaṁ? Er ist ein Avatar von Ischvara auf der ersten Hierarchieebene. Er ist dafür zuständig, jede Aktivität in den Ruhezustand zurückzuführen. Wenn ein Atom von einem angeregten Zustand in den Ruhezustand mit der niedrigsten Energie zurückfällt, dann ist es Bhavaṁ, der dies bewirkt. Genauer gesagt, ist es Bhavānī, die es zusammen mit Bhavaṁ bewirkt. Das gilt nicht nur für Atome, sondern für alle Systeme im Universum. Jedes System hat die Grundtendenz, in seinen ruhigsten Zustand zu gehen, sobald es die Gelegenheit dazu bekommt. Bhavaṁ und Bhavānī bringen es zur Ruhe. Sie sind die Naturgesetze der Ruhe. Sie sind die Programme im kosmischen Computer, die alles beruhigen können. Sie wirken immer und überall.

Bhavaṁ ist das männliche Prinzip, Bhavānī das weibliche Prinzip. Bhavaṁ ist reines Wissen, Bhavānī die organisierende Kraft, die dem reinen Wissen innewohnt. Sie wirken zusammen. Sie werden auch als Shiva und Shakti bezeichnet.[8] Shiva (Bhavaṁ) repräsentiert reines Wissen, Shakti (Bhavānī) seine organisierende Kraft.

Wenn wir in einer schönen Meditation zur Ruhe finden, dann sind es Shiva und Shakti, die uns das ermöglichen. Beide sind besondere Formen von Ischvara. Sie sind die ersten Avatare, die Aktivität vermindern und Ruhe verstärken. Sie kennen die unendliche Stille des reinen Bewusstseins. Shiva und Shakti sind die Essenz unserer persönlichen Avatare.

Obwohl einige Avatare allgemein bekannt sind, erscheinen sie dennoch jedem Menschen in einer persönlichen Weise. Betrachten wir zum Beispiel Jesus. Er war zwar eine historische Figur vor etwa 2000 Jahren, jedoch wirkt er als mentaler Avatar auch noch heute. Für viele Menschen ist er ein mentaler Zugang zum Allwissenden und Allmächtigen. Niemand, der heute lebt, hat Jesus persönlich getroffen, zumindest nicht mit seinem jetzt exis-

---

[8] Gesprochen wie Schiwa und Schakti.

tierenden Körper. Ähnlich ist es auch in anderen Religionen. Die menschlichen Körper der Religionsgründer oder Gottesfiguren sind alle schon lange verstorben. Sie existieren nur noch als mentale Avatare.

Ausnahmen sind Naturreligionen, welche Naturphänomene als Zugang zum Allwissenden und Allmächtigen haben, zum Beispiel ein lebendiges Feuer, mit dem jemand kommunizieren kann. Dieses Feuer existiert als wahrnehmbare Wirklichkeit und nicht nur mental.

Im Veda und der vedischen Literatur ist Agni ein Naturgesetz und ein Avatar. Er wird oft als der Gott des Feuers interpretiert. In Wirklichkeit ist er das Naturgesetz, das die Energie in jeglicher Form kontrolliert. Energie verhält sich in einer berechenbaren Weise. Dieses Verhalten ist der stabile Charakter von Agni. Gleichzeitig ist Feuer auch verspielt. Im Brennholz geht es mal hierhin und mal dorthin, knistert mal hier und wirft Funken dort. Agni hat einen spielerischen Charakter, während er auch mächtig ist und beliebig groß werden kann.

Agni wird als der Mittler zwischen den Göttern (den obersten Avataren) und den Menschen bezeichnet. Er ist ein lebendiger Avatar. Wie alle Avatare ist er eine Ausdrucksform von Ischvara, dem besten Herrscher. Die Upanishaden berichten von jemandem, der einfach nur durch Kommunikation mit Opferfeuern erleuchtet wurde. So stark kann der Avatar Agni wirken!

Betrachten wir nun einmal die persönlichen, menschlichen Avatare etwas genauer, zum Beispiel Jesus. Erscheint er jeder Person in der gleichen Weise? Keineswegs! Jede und jeder erleben ihn so, wie sie es aufgrund ihres Wissens und ihrer persönlichen Erfahrung können. Daher gibt es so viele Varianten von Jesus wie es Jesus-Verehrer gibt. Jesus passt sich uns persönlich an, so dass wir eine persönliche Beziehung zu ihm entwickeln können. Damit wird Jesus zum persönlichen Avatar. Das bedeutet nicht, dass Jesus unsere Schwächen übernimmt. Er bleibt auf seinem hohen Niveau von Reinheit und Perfektion und dennoch erlaubt er uns, mit ihm in Beziehung zu treten und auf diese Weise einen Zugang zum Allwissenden zu erhalten.

Das Gleiche gilt für alle Avatare. Sie passen sich so an, dass sie für eine Person jeweils die optimale Brücke zur Unendlichkeit des Allwissenden bilden. Ein persönlicher Avatar muss auch gar keinen Bezug zu bekannten Avataren aus der Weltgeschichte haben.

8. Der persönliche Avatar

Der Avatar ist die Brücke zur Unendlichkeit des reinen Bewusstseins. Er ist die Brücke zum Allwissenden. Das ist seine wesentliche Eigenschaft. Die anderen Eigenschaften passt er so an, dass er uns einen guten Zugang zum Allwissenden gewährt. Das bedeutet, dass ein Avatar sowohl männlich als auch weiblich erscheinen kann, oder auch geschlechtslos.[9]

Ein Avatar kann in weiblicher Form auftreten. Meist ist er dann eine Mutterfigur. Die göttliche Mutter erscheint uns in unendlich vielen Spielarten. Ob jetzt Frauen oder Männer wichtiger sind, spielt hier gar keine Rolle. Der Avatar erscheint so, wie es für die jeweilige Person am einfachsten ist.

Ist der mentale Avatar nur eine Einbildung? Nein! Definitiv nicht, denn das Wissen, das wir durch den Avatar bekommen, können wir nachprüfen. Wir werden sehen, dass es echt ist, wenn wir gelernt haben, richtig zu kommunizieren, wenn wir Blockaden, Denkmuster, Glaubenssätze usw. beseitigt haben, die einen guten Kommunikationsfluss blockieren. Dazu mehr im späteren Kapitel 13 (Störungen neutralisieren).

Die Vorteile der Kommunikation mit dem persönlichen Avatar sind unermesslich. Mit Kommunikation meine ich kein einseitiges Gebet, sondern eine lebendige Kommunikation, einen inneren Dialog. Der Avatar gibt tiefgründige, bedeutungsvolle Antworten. Der innere Dialog ist kein einseitiges Bitten und Flehen wie in einem Gebet, welches ohnehin nicht gut wirkt.

Wiederholtes Bitten kommt mit einem großen Missverständnis, nämlich dass Ischvara nicht jeden unserer Gedanken sofort erkennen würde. Er weiß alles, also auch jeden Gedanken. Wenn wir das verstehen, gehen wir an die Kommunikation mit Ischvara ganz anders heran.

Ein Avatar kann uns auf vielfältige Art helfen, mit Ischvara zu kommunizieren. Diese Kommunikation ist lebensverändernd und unendlich wertvoll. Dennoch muss sie in einer praktikablen Weise geschehen, so dass sie uns jederzeit gelingt. Daher ist der persönliche Avatar so wichtig. Machen wir uns also auf die Suche nach unserem persönlichen Avatar!

---

[9] Ich verwende weiterhin den Ausdruck ‚der Avatar' als generischen Ausdruck. Gendersternchen sind mir zuwider und entstellen einen natürliche Sprachfluss.

9. Wie finde ich meinen Avatar?

Liebe Leserin, lieber Leser, sicher hast du schon einmal deine sogenannte innere Stimme wahrgenommen. Leider beachten die meisten Menschen ihre innere Stimme zu wenig. Es ist unsere eigene Stimme und dennoch vermittelt sie uns Neues. Wir können lernen, diese als unseren Zugang zu Ischvara zu entdecken. Wir können unseren persönlichen Avatar finden, indem wir lernen, unserer inneren Stimme zu lauschen.

Unser Avatar wird nicht als holografische Projektion am Himmel erscheinen, um die Menschenmassen mit fremden Stimmen in ihrem Kopf zu manipulieren. Falls das einmal kommt, sollte man nicht darauf hereinfallen. Unsere innere Stimme ist keine technologische Gedankenmanipulation.

Wie oft hast du dir schon selbst gesagt, hätte ich doch nur auf meine innere Stimme, meine Intuition gehört, dann hätte ich alles richtig gemacht! Wer kennt das nicht? Unsere Intuition rät uns, etwas in einer bestimmten Weise zu tun, etwas anderes zu unterlassen. Wir hören nicht darauf und stellen dann später fest, dass wir einen Fehler begangen haben. Warum also nicht häufiger auf die Intuition hören? Es lässt sich lernen und trainieren.

Oft fehlt dazu das Vertrauen. In der Schule haben wir nichts über Intuition gelernt. Das war kein Schulfach. Dennoch existiert sie und Menschen, die gelernt haben, ihrer Intuition zu vertrauen, gehen leichter durchs Leben. Es gibt zahlreiche Bücher, die nachweisen, dass alle großen Geschäftsleute deswegen groß wurden, weil sie ihrer Intuition vertraut haben. Intuition gibt uns das richtige Wissen zur richtigen Zeit. Sie ist ein Zugang zu Ischvara, dem Allwissenden.

Vielleicht erlebst du deine Intuition eher als zufällige Gedanken. Manchmal habe ich eben eine Intuition und häufig auch keine. Das muss nicht so bleiben, denn die Intuition lässt sich systematisch weiterentwickeln und zu einem Dialog ausbauen. Das ist der innere Dialog mit unserem Avatar. Er kann auf verschiedene Weise stattfinden, auf der Ebene von Gefühlen, von Bildern und am einfachsten als direktes, inneres Gespräch.

Wie komme ich zu diesem inneren Dialog? Durch Vertrauen, durch Offenheit, durch Hingabe zum Allwissenden, zu Ischvara. Vertrauen, dass er

9. Wie finde ich meinen Avatar?

mir völlig positiv gesonnen ist und mir in jeder Weise helfen wird. Offenheit, weil ich weiß, dass er jeden Gedanken von mir bereits kennt und ich mich ihm in jeder Weise öffnen kann. Hingabe, weil mein Herz in Liebe zu ihm fließt und immer lebendiger wird und mein ganzes Leben erfrischt.

Am Beginn dieses Prozesses gibt es oft einige Widerstände zu überwinden. Das erlebe ich immer wieder in den persönlichen Trainings, die ich Hunderten von Menschen gegeben habe, um die Kommunikation mit ihrem Avatar zu erlernen und auf einfache Weise in ihrem täglichen Leben zu praktizieren. Diese kurzen 1-Tages-Coachings nenne ich das Intuitions-Training der Gehirnsoftware. Was ändert sich dabei an der Gehirnsoftware? Die Version 6 der Gehirnsoftware, die Intuitionsversion, wird installiert. Sie heißt auch das Gottesbewusstsein. Sie bringt eine völlig andere Sicht der Welt mit sich.

Wer sich mit dem Thema der höheren Bewusstseinszustände beschäftigt hat, weiß wie viele Jahre, Jahrzehnte oder ganze Leben, eine solche Entwicklung benötigt hat. Dennoch ist für Ischvara nichts unmöglich und mit dem richtigen Wissen ist die große Umwandlung zum Gottesbewusstsein in einem Tag realisierbar.

Welche Widerstände gibt es dabei zu überwinden? Oft sind es Zweifel, ob ein solcher Dialog echt sein kann oder Zweifel, ob man es richtig macht, ob es so schnell gehen oder überhaupt gelingen kann. Dann gibt es da noch etliche Glaubenssätze oder Denkmuster zu überwinden. Zu diesen Themen werde ich im Kapitel 13 (Störungen neutralisieren) noch mehr schreiben.

All das lässt sich aber leicht überwinden und schließlich tritt unser persönlicher Avatar in unser Leben. Wir müssen dafür keine Arbeit verrichten. Die Hingabe zum Allwissenden reicht aus. Den Rest erledigt die Allmächtige. Sie ist die weibliche Form von Ischvara. Sie kann alles. Sie schafft den richtigen Avatar für uns, mit dem wir optimal kommunizieren können. Männlich oder weiblich, jünger oder älter oder gleich alt, unser Avatar hat genau die Eigenschaften, die wir für eine optimale Kommunikation brauchen. Die Allmächtige kann alles und schafft für uns den passenden Avatar. So können wir diese lebensförderliche Kommunikation beginnen und für immer durchführen und unser Leben damit unendlich bereichern.

10. Eine ewige Beziehung

Warum sollte ich mich auf eine innere Stimme verlassen? Die könnte ja alles Mögliche sein. Wer garantiert mir denn, dass ich damit auch wirklich gut fahre? Kommt meine innere Stimme tatsächlich von meinem Avatar oder vielleicht aus einer ganz anderen Quelle? Gab es nicht immer wieder Menschen, die von ihren angeblichen inneren Stimmen völlig fehlgeleitet wurden? Solche und ähnliche Fragen hat beinahe jeder, der zum ersten Mal mit seiner Intuition oder inneren Stimme in Kontakt kommt.[10]

Die Antwort zu diesen Fragen steht wieder in unserem Eingangsvers. Das Wort ‚sadā‘ beschreibt die Beziehung zu Ischvara durch unseren persönlichen Avatar. Es bedeutet ewig. Die Beziehung zum Allwissenden ist ewig, sie ist also ohne Anfang und ohne Ende. Auf Ischvara, den Allwissenden, können wir uns verlassen. Er wird uns niemals verlassen.[11]

Ischvara ist ewig und wir sind ewig. Auch unsere Beziehung ist ewig. Was meine ich mit, wir sind ewig? Haben wir nicht einen Körper, der geboren wurde und irgendwann auch sterben wird? Ja, das haben wir, aber das ist nicht das, was wir sind. Der Körper ist wie ein Kleidungsstück, das wir angezogen haben. Unsere eigentliche Essenz, nämlich das, was wir wirklich sind, haben wir mit dem Körper überdeckt. Wenn ein Kleidungsstück beschädigt und nicht mehr zu gebrauchen ist, dann wechseln wir es einfach.

Wenn ich einmal erkannt habe, wer ich wirklich bin, dann kenne ich meine Unsterblichkeit. Die Körper kommen und gehen, aber ich bleibe beständig. Da der Allwissende auch beständig ist, ist meine Beziehung zu ihm beständig. Eine beständige Beziehung ist intensiv. Sie ist stark. Aus meiner Beziehung zu ihm schöpfe ich unendliche Stärke.

---

[10] Oder wäre dir lieber: ‚Solche und ähnliche Fragen hat beinahe jede/r, die oder der zum ersten Mal mit ihrer/seiner Intuition oder inneren Stimme in Kontakt kommt.‘ Das hatte ich da stehen und habe es gerade eben durch die generische männliche Form ersetzt, die doch wirklich einfacher zu lesen ist. Auch Mädchen oder Frauen sind damit gemeint!

[11] Das ist doch witzig, welche verschiedene Bedeutungen das gleiche Wort haben kann.

10. Eine ewige Beziehung

Welche Menschen interessiere ich noch, wenn mein Körper einmal alt geworden ist? Eigentlich niemanden mehr. Die Kinder sind vielleicht aus dem Haus und leben ihr eigenes Leben. Vielleicht ist der Partner noch da, vielleicht aber auch nicht, vielleicht hat man sich nicht mehr viel zu sagen. Mit dem Alter verschwinden die Freunde, vielleicht weil sie bereits die Erde verlassen haben, vielleicht weil sie woanders wohnen oder andere Interessen gefunden haben oder geistig nicht mehr so ganz da sind.

Wen interessiere ich dann noch? Den einen, den Allwissenden! Denn er sieht mich nicht im Wesentlichen als einen Körper. Er kann mir einen neuen Körper schenken. Er ist immer daran interessiert, mein Wissen und mein Bewusstsein weiterzuentwickeln. Er ist und bleibt an mir als ewig existierendem Wesen interessiert. Das ist eine stabile, eine ewige Beziehung.

Wer das einmal erkannt hat, wäre dumm, wenn er die Beziehung zum Allwissenden nicht pflegen würde. Wie pflegen wir diese Beziehung? Wie jede andere Beziehung auch, nämlich durch unsere Aufmerksamkeit! Unsere beständige Quelle von Glück und Weisheit in uns wird durch unsere Aufmerksamkeit belebt.

Wenden wir uns also dem Allwissenden zu, lassen wir ihn beständig in unser Leben kommen und seinen segensreichen Einfluss über uns ausbreiten. Dann wird es uns gut gehen. Unsere Bewusstseinsentwicklung wird einen gewaltigen Sprung nach vorne machen.

Dann wird unser Leben nicht mehr vom Karma bestimmt sein. Dann wird nicht mehr alles Gute mit Gutem und Schlechtes mit Schlechtem vergolten. Der Allwissende und Allmächtige kann unsere Karma Schulden ausgleichen. Er kann die Karma Speicher im kosmischen Computer gezielt löschen. Diese Macht hat er. Wir müssen unser Karma nicht mühsam abarbeiten. Das ist ohnehin aussichtslos. In Tausenden von Leben ist es uns nicht gelungen, unsere Karma Schulden auszugleichen, weil in den meisten Leben noch viel mehr neues Karma dazugekommen ist.

Ganze Religionen haben sich auf dieses Jammertal des Leidens eingestellt. Einige sehen Leiden, andere Karma als gottgegeben an. Wer nur das sieht, hat eigentlich die Verbindung zur göttlichen, unendlichen Quelle von Glück und Weisheit weitgehend verloren. Wie kommen wir wieder zu unserer Quelle zurück? Wie geht es praktisch?

11. Auf Augenhöhe

Ischvara, der beste Herrscher, hätte die Macht, uns ewig in diesem Auf und Ab des Karma zu belassen. Mit unseren guten Taten haben wir das Gute verdient, mit unseren schlechten Taten das Schlechte. Ja, da gibt es Naturgesetze, die das Karma genau verwalten. Der kosmische Computer kann sehr exakt rechnen!

Aber dann gibt es da auch noch das Mitgefühl, das Wort karuṇā aus unserem Eingangsvers. Wie zeigt es sich praktisch in unserem Leben? Durch ein weiteres Wort aus dem Vers, durch vasantaṁ. Dieses Sanskritwort bedeutet ‚die Bewohner'. Damit sind Shiva und Shakti gemeint. Sie sind die Avatare der himmlischen Ruhe.

Wo wohnen sie? In uns! Als Avatare. Sie bleiben also nicht nur in ihren himmlischen Gefilden, sondern sie kommen auch direkt zu uns. Sie kommen uns so nahe, wie es überhaupt nur möglich ist. Sie wohnen in uns. Sie erscheinen uns als Menschen. Sie kommen auf Augenhöhe. Sie erscheinen uns als persönliche Avatare. Sie nehmen also genau den Charakter an, mit dem wir uns wohlfühlen, zu kommunizieren.

Damit können wir sie direkt wie Menschen ansprechen. Das ist das unendliche Mitgefühl von Ischvara. Er präsentiert sich uns in menschlicher Form, fähig zu menschlicher Kommunikation. Dabei hat er es nicht nötig, immer einen Meter über uns zu schweben, sondern er kommt auf Augenhöhe. Wir können direkt mit ihm kommunizieren, da er ja in uns wohnt.

Er wohnt in uns in einer menschlichen Form als Mann oder Frau oder als beide vereint. Was ist der Vorteil dieser menschlichen Form und dieses menschlichen Charakters, der damit einhergeht? Der Vorteil ist, dass wir ja schon wissen, wie wir mit einem Menschen kommunizieren können. Genau diese Art von Kommunikation können wir mit unserem Avatar pflegen.

Wenn sich Menschen in einigen Religionen vor ihrem Gott in den Staub werfen oder immer nur nach oben schauen, dann machen sie einen Fehler. Sie separieren sich von ihrem Geliebten. Sie schaffen eine Trennung und oftmals gelingt es ihnen dann nicht mehr, diese selbst erzeugte Trennung wieder zu überwinden.

11. Auf Augenhöhe

Sie haben sozusagen ihren Gott nach oben weggeschoben. Ab in den Himmel! Da soll er dann auch bleiben und da bleibt er auch, bekommt immer noch alles mit und belästigt uns nicht weiter. Und der Mensch wirft sich weiter äußerlich nieder vor seinem Gott, den er gleichzeitig innerlich auf Distanz hält. Das ist eine unsinnige Vorgehensweise!

Es geht alles viel besser mit einem persönlichen Avatar. Er kommt auf Augenhöhe. Jetzt gelingt die Kommunikation ganz einfach. Der Avatar ist nicht unter mir und nicht über mir. Er hat einen menschlichen Charakter.

Was bedeutet das praktisch? Es bedeutet, dass ich meinem Avatar begegnen kann, dass ich ihn oder sie immer besser kennenlernen darf. Es bedeutet, dass ich ihn oder sie dann sofort erkenne, dass ich einen dauernden inneren Dialog pflege. Es bedeutet, dass ich ihn oder sie oder beide an meinem Leben teilhaben lasse.

Der Avatar wird dann wie zu einem guten Freund oder Verwandten. Er interessiert sich für alles, was mich interessiert. Er gibt seine Kommentare zu meinen Handlungen, Plänen, Ideen, Gedanken, Gefühlen. Er beantwortet meine Fragen. Er ist eine unerschöpfliche Quelle der Weisheit. Er kennt mich ja in- und auswendig. Ich brauche nichts zu verheimlichen. Wir sind so gute Freunde, dass wir absolut über alles reden können.

Die Yoga Sutra 1.23 sagt: „Oder durch Aufmerksamkeit auf Ischvara (wird Samadhi erreicht)." Samadhi ist dieses absolut ruhige Bewusstsein. Die Sutra sagt also, dass uns die Aufmerksamkeit auf Ischvara in diese unendlich tiefe Ruhe bringt. Wie geschieht das?

Ischvara kennt alle Gedanken und bemerkt daher immer unsere Aufmerksamkeit auf ihn. Dann beugt er sich herunter zu uns. Das geschieht, indem er uns als Avatar erscheint. Die erste Form jedes Avatars sind Shiva und Shakti, die Avatare der Ruhe. Sie bringen uns immer tiefer in die absolute Ruhe des Samadhi. Dann beugt sich Ischvara noch weiter zu uns herunter, bis er auf Augenhöhe kommt. Er erscheint uns wie ein Mensch. Das ist dann unser persönlicher Avatar. Mit ihm haben wir unsere Freude.

Freude, Bewusstsein und Wahrheit sind die Qualitäten des unendlichen, reinen Bewusstseins. Unser Avatar bringt uns schnell dorthin. Wo genau wohnt er eigentlich?

12. Wo wohnt mein Avatar?

Stelle dir einmal vor, es kommt ein ganz lieber Verwandter, eine Freundin oder ein Freund zu dir nach Hause zu Besuch. Er oder sie hat dir schon so viel Gutes getan, hat dich schon oft reichlich beschenkt, dir immer zugehört, dir immer guten Rat gegeben, mit dem du wirklich deine Probleme lösen konntest. Er oder sie hat dich inspiriert, aufgebaut, dein Selbstbewusstsein gestärkt. Jetzt kommt er oder sie zu Besuch. Wie behandelst du sie?

Du behandelst sie wie einen guten Gast. Du begrüßt sie herzlich, lässt sie eintreten, zeigst die Wohnung, reichst Erfrischungen, lässt sie sich selbst frisch machen, bietest einen bequemen Platz an, bewirtest sie mit Essen und Trinken, unterhältst sie und führst ausführliche Gespräche. Das sind die Regeln der guten Gastfreundschaft, die in Ländern mit alten Hochkulturen auch heute noch gepflegt werden. In Indien gibt es eine einfache Regel der Gastfreundschaft. Man behandelt den Gast wie Gott.

Nun stelle dir vor, dein Gast ist tatsächlich Gott und möchte bei dir wohnen. Als Avatar möchten der Allwissende und die Allmächtige bei dir in deinem Körper wohnen. Welches Zimmer bietest du an?

Natürlich bietest du das beste Zimmer an. Dein Gast soll sich bei dir wohlfühlen. So bleibt er für immer und auch du fühlst dich wohl damit. Das beste Zimmer in unserem Körper ist unser Herz. Es verbindet den ganzen Körper durch die Blutgefäße und nährt ihn andauernd mit unserem Blut. Unser Herz ist der angemessene Platz für unseren Avatar. Dort können wir auch unser höheres Selbst wahrnehmen und dort können wir uns mit unserem Avatar unterhalten.

Unser Eingangsvers sagt in der Zeile ‚sadāvasantaṁ hṛdayāravinde‘. … wohnt ihr immer im Lotus meines Herzens. Hṛdaya ist das Herz. Aravinde ist ein Lotus. Warum bezeichnet die vedische Literatur das Herz als einen Lotus? Weil es zum einen die Form einer geschlossenen Lotusblüte hat, die im See des Brustraums an den großen Adern hängt, eben wie eine Lotusknospe, die an einem dicken Stängel hängt. Zum anderen ist der Lotus aber auch das vedische Symbol für die Ganzheit, die sich in jedem einzelnen Blatt wiederfindet. Jedes Blatt des Lotus hat die Form des gesamten Lotus. Daher verkörpert der Lotus das holistische Prinzip.

Der Lotus des Herzens ist das richtige Zimmer, das wir unserem Avatar anbieten. Dort wohnt er für immer. Shiva und Shakti, das reine Wissen und seine organisierende Kraft wirken von unserem Herzen aus, beleben unseren ganzen Körper, auch unser Gehirn und bringen unsere Gehirnsoftware auf die höchste Entwicklungsstufe.

Von den bekannten Avataren der Weltreligionen besitzen wir keine Fotos, sondern nur gemalte Bilder, Zeichnungen oder Figuren. Dein Avatar muss dir nicht wie die Zeichnungen von Shiva und Shakti erscheinen. Er kann wie die Zeichnung eines dir nahestehenden Religionsgründers erscheinen, wie zum Beispiel Jesus, Buddha, Krishna oder Kuan Yin. Er kann aber auch einfach nur verbal mit dir kommunizieren.

Du musst dir kein Bild deines persönlichen Avatars machen. Wer den Propheten Mohammed verehrt, soll sich kein Bild von ihm machen. Dann mache dir auch kein Bild, sondern kommuniziere mit ihm in Worten und Gefühlen. Aus der verbalen Kommunikation wirst du deinen Avatar immer besser kennenlernen.

Wie behandelst du deinen persönlichen Avatar in deinem Herzen? Du schenkst ihm viel Aufmerksamkeit. So kann er segensreich in deinem Leben wirken. Er wird dir immer die besten Ratschläge geben. Er überlässt es aber dir, ob du seine Ratschläge befolgst.

Wenn du sie befolgst, wird es dir allmählich immer besser gehen. Vieles wird besser gelingen. Du wirst neue Ideen haben, wirst alte Probleme lösen können, wirst deine Wünsche realisieren können. Alles in deinem Leben wird sich zum Guten wenden, wenn du die Anregungen deines persönlichen Avatars aufgreifst und in die Tat umsetzt. Dein Glück wird immer mehr zunehmen. Bereits nach kurzer Zeit wirst du im Himmel auf Erden leben!

13. Störungen neutralisieren

Warum lebst du nicht schon immer im Himmel auf Erden? Wodurch wurde das in deiner Vergangenheit und vielleicht bis heute verhindert? Es gibt da eine Reihe von Störungen und die wollen wir uns jetzt einmal genauer anschauen. Sie haben alle mit verschiedenen Formen von Unwissenheit zu tun.

Diese Unwissenheiten sind in unserem Eingangsvers mit dem Wort ‚bhujagendra' ausgedrückt. Es setzt sich zusammen aus ‚bhujaga' und ‚indra'. Das ‚a' am Wortende und das ‚i' am Wortanfang verschmelzen zu einem ‚e'. Bhujaga ist eine Schlange. Indra ist ein König. Bhujagendra ist der König der Schlangen. Das ist der Inbegriff der Unwissenheit und all der Gefahren, die sie mit sich bringt.

Die Schlange ist auch das Symbol der Kundalinikraft, die erweckt wird und in unserer Wirbelsäule von ganz unten nach ganz oben steigt, vom Steißbein zum Gehirn. Solange sie als beweglich wahrgenommen wird, wie eine Schlange, kann sie eine gewisse Angst erzeugen. Das ist aber die unwissende Betrachtungsweise der Kundalini. In Wirklichkeit ist sie keine Schlange, sondern ein Seil. Vom Seil geht keine Gefahr aus. Es entspricht den Nervensträngen in unserem Rückenmark.

Aus einer umfassenderen Sicht betrachtet, ist die Schlange aber auch ein Symbol jeder Art von Unwissenheit. Sie resultiert aus einer falschen Sicht der Welt. Dadurch entstehen vermeintliche Gefahren und entsprechende Ängste. Dazu gehören Denkmuster, Glaubenssätze, emotionale Muster, Blockaden, Traumas, Eindrücke, Illusionen und ähnliches. Sie alle sind das Resultat der Unwissenheit und sie alle werden beseitigt, wenn die Unwissenheit beseitigt ist.

Wie können wir also diese Störungen neutralisieren? Ganz einfach! Unser Avatar tut das für uns. Wie macht er es? Spielerisch leicht! Er hängt sich die Schlange wie eine Girlande um den Hals. Unser Eingangsvers beschreibt es mit dem Wort ‚bhujagendrahāram'. Das ‚hāram' ist eine Girlande. Der gefährliche König der Schlangen mit all seinem Gift, seiner Kunst zu lügen, seiner Täuschungskraft kann unseren Avatar nicht besiegen, sondern wird von ihm spielerisch leicht besiegt. Zum Schluss hängt er als Dekoration am Hals unseres Avatars. Dieses Bild bedeutet auch, dass die Kundalinikraft aufgestiegen ist.

Das geht mit der dauernden Unterstützung durch unseren persönlichen Avatar alles ganz schnell. Mit seiner Unterstützung gibt es keine lange, dunkle Nacht der Seele. Wenn wir mit unserem Avatar kommunizieren, steht uns die ganze Macht des kosmischen Computers zur Verfügung. Im Nu sind dann all diese Störungen neutralisiert.

Was uns früher wie ein unüberwindliches Karma vorgekommen ist, an dem wir vielleicht schon viele Leben lang herumarbeiten, wird jetzt zu einer Kleinigkeit. Unser Avatar kann das alles für uns erledigen. Das gesamte Universum ist ja eingebettet in den kosmischen Computer. Einige persönliche Karmaspeicher zu löschen, ist für Ischvara nur eine Kleinigkeit. Die Blockaden verschwinden also und unser Herz, unser Gehirn und unser Nervensystem reinigen sich auf materieller und energetischer Ebene. Gleichzeitig werden die entsprechenden Schadsoftware Programme auf der Informationsebene gelöscht.

Wohin geht das ganze Karma? Es hängt als Girlande am Hals unseres Avatars. Es muss also niemand anderes damit geschädigt werden. Wir brauchen unsere Störungen und Blockaden und negativen Energien nicht immer wieder an andere weiterschieben. Unser Avatar macht sie einfach unschädlich und hat auch noch seine Freude daran.

Wie beseitigen wir die Blockaden konkret? Wir unterhalten uns darüber mit unserem Avatar. In aller Offenheit! Wir öffnen unser Herz. Ja, unserem Avatar dürfen wir unser ganzes Herz ausschütten. Da werden keine noch so intimen Geheimnisse ausgespart. Was auch immer gerade das Thema ist, das wird in Ordnung gebracht und gereinigt.

So gelingt es uns immer leichter, in die tiefe Stille des Samadhi einzutauchen und von dort aus die ganze Welt mit Gelassenheit und unendlicher Freude in unserem Herzen zu erleben.

14. Alles erreichen

Wo geht die Reise hin? Unser Avatar begleitet uns zu immer höheren Ebenen des Glücks, zu immer höherem Bewusstsein. Die Aufmerksamkeit auf Ischvara, die wir durch unseren Avatar andauernd pflegen, bringt unser Bewusstsein zu immer tieferer Ruhe, zu intensivem Samadhi.

Samadhi ist die Basis für die Erfahrung außergewöhnlicher Fähigkeiten. Mit Samadhi wird unsere Aufmerksamkeit zu einem präzisen Instrument, einem Werkzeug, mit dem wir alles erreichen können. Diese Fähigkeiten heißen auch Siddhi. Es gibt zwei Arten von Siddhis, die Wissens-Siddhis und die Macht-Siddhis. Mit den Wissens-Siddhis können wir von Shiva alles Wissen in Erfahrung bringen. Mit den Macht-Siddhis können wir durch Shakti alles erreichen.

Die Siddhis führen zur Befreiung. Sie führen von der Bindung zur Befreiung. Wenn wir unsere Aufmerksamkeit auf etwas richten, ist das noch eine Bindung an das Objekt unserer Aufmerksamkeit. Wenn dann das Ergebnis der Siddhi im Samadhi, das heißt in unendlicher Ruhe erscheint, ist es eine Befreiung, weil die Erfahrung mit der Unendlichkeit durchdrungen ist. Eigentlich ist es dann keine Erfahrung mehr, sondern nur noch unser unendliches Selbst, was in Form des Siddhi-Ergebnisses erscheint.

Patanjali hat die Siddhi-Methoden im Kapitel 3 seiner Yoga Sutras genauestens beschrieben. Er zeigt dabei deutlich, wie der Weg von der Bindung zur Befreiung stattfindet. Was die Siddhis bewirken, zitiere ich hier am einfachsten aus meinem Buch ‚Gehirnsoftware' (ab S. 271):

„Der Yogi[12] erkennt sein unendliches Selbst an jedem Platz seiner Aufmerksamkeit und überwindet damit alle Grenzen seiner Wahrnehmung, seiner Erkenntnisfähigkeit und seines Einflussbereiches. Das geht sogar so weit, dass er die Bindung an die Naturgesetze überwinden kann. Seine Wahrnehmungsfähigkeit bleibt nicht länger an die Begrenzungen seiner

---

[12] Damit sind natürlich wieder sowohl männliche als auch weibliche Yogis gemeint.

Sinnesorgane gebunden. Er kann versteckte und weit entfernte Dinge wahrnehmen, also sehen, hören, tasten usw. Er kann in die Vergangenheit und Zukunft sehen, mit seiner Aufmerksamkeit durch das Universum reisen, die feinsten Bestandteile der Welt, noch kleiner als die Atome betrachten. Alle Begrenzungen seiner Wahrnehmung verschwinden. Das ist die Befreiung in Bezug auf die Wahrnehmung.

Seine Erkenntnisfähigkeit bleibt nicht mehr an den Lichtcomputer oder neuronalen Computer im Gehirn gebunden. Er aktiviert zusätzlich seinen Quantencomputer mit unendlicher Rechengeschwindigkeit und erhält dadurch Zugang zu perfektem intuitivem Wissen. Seine Wissensbasis bleibt nicht mehr auf seinen Erfahrungsschatz beschränkt, auch nicht auf den seiner Vorfahren oder der Gesellschaft. Stattdessen erlangt er die Freiheit, alles zu wissen, was er wissen möchte, indem er die Datenbank des Universums auf der feinsten Ebene des Raums anzapft. ...

Er wird ein kosmisches Individuum, dessen Wahrnehmung und Erkenntnisfähigkeit unendlich ausgedehnt sind, nicht einmal durch den Raum begrenzt und der daher in Harmonie mit allen Systemen seines Körpers ist, vor allem auch mit dem subtilen Nervensystem in seinem Herz.“

Dort kommuniziert er mit dem Allwissenden und der Allmächtigen durch seinen persönlichen Avatar, der ihm 24 Stunden lang an jeden Tag zur Verfügung steht.

„Da seine Wahrnehmung nicht mehr begrenzt ist, empfindet er edle Gefühle zu allen Wesen im Universum. Wohin er auch immer mit seiner unendlichen Wahrnehmung schaut, sieht er nichts anderes als sein Selbst.

Mit der gleichen Methode der Siddhis überwindet er sogar die Bindung an den Planeten Erde, indem er durch die yogische Levitation das Gravitationsfeld ändert.

Darin besteht die Genialität Patanjalis, den Yogi zu befähigen, durch das Binden der Aufmerksamkeit auf einen Platz, die Befreiung zu erreichen.“

Es gibt also tatsächlich keine Grenzen für das, was wir erreichen können. In Verbindung mit unserem persönlichen Avatar kann unsere Individualität alles im Universum erkennen und alles erreichen. Wie weit das geht, möchte ich im nächsten Kapitel genauer betrachten.

15. Die Macht der Allmächtigen

Um die Macht der Allmächtigen zu beschreiben, möchte ich das bisher Betrachtete zusammenfassen. Das Wort dazu aus unserem Eingangsvers ist ‚sahitaṁ'. Es bedeutet ein Zusammensein, ein miteinander verbunden sein. Wer ist miteinander verbunden? Zunächst einmal sind es die beiden, die vorher genannt wurden. ‚Bhavaṁ bhavānīsahitaṁ' bedeutet, dass ‚bhavaṁ' und ‚bhavānī' miteinander verbunden sind. Shiva und Shakti genießen ihre Einheit. Reines Wissen und seine organisierende Kraft sind inniglich miteinander verbunden.

Wie groß ist das reine Wissen? Es umfasst alles. Daher nennen wir Ischvara den Allwissenden. Seine Wissensseite ist Shiva. Seine Machtseite ist Shakti. Wie groß ist ihre Macht? Auch sie umfasst alles. Daher nennen wir Ischvara die Allmächtige. Wenn sie ihre Macht ausdrückt, erscheint Ischvara als die Shakti. Die Größe dieser Macht untersuchen wir nun noch genauer.

Wie groß ist die Macht des Allwissenden und der Allmächtigen? Sehr groß, möchte man sagen, denn sie sind ja in der Lage, ein Universum zu erschaffen und zu erhalten. Das ist aber noch nicht alles. Aus der Quantenphysik haben wir einen genaueren Hinweis auf die Größe ihrer Macht.

Wenn wir die kleinsten Strukturen im Raum betrachten, dann kennen wir dafür einen exakten Wert, nämlich die Plancklänge. Das ist die kleinste Entfernung, die noch einen Sinn ergibt. Im Kapitel 2 (Der kosmische Computer) habe ich sie genauer beschrieben. Sie ist $1{,}6 \times 10^{-35}$ Meter.

Wenn man nun alle möglichen Schwingungen berechnet, die bis hinunter zu dieser Größenordnung vorkommen können und sie alle aufaddiert, kommt man auf die sogenannte Vakuumenergie. Das ist die unmanifeste Energie virtueller Schwingungen, die im leeren Raum überall vorhanden ist.

Sie ist zwar nicht unendlich, aber dennoch außerordentlich groß. Wenn wir die gesamte Masse und Energie unseres 4-dimensionalen, manifesten Universums aufaddieren, kommen wir auf 10^{55} Gramm (eine 1 mit 55 Nullen links vom Dezimalkomma). Wenn wir hingegen die unmanifeste Vakuumenergie in einem Kubikzentimeter des Raums an einer beliebigen

15. Die Macht der Allmächtigen

Stelle in unserem Universum aufaddieren, kommen wir auf 10^93 Gramm. Diese Stelle kann sogar in unserem Herzen sein. Das bedeutet, dass die Vakuumenergie in jedem cm³ des leeren Raums ausreicht, unser gesamtes Universum 10^38 mal zu erschaffen. So groß ist die Macht der Allmächtigen!

Ein neues Universum zu erzeugen, oder eines aufzulösen ist für die Allmächtige keine große Sache. Genauso ist es für sie leicht, Tausend oder eine Million oder eine Milliarde neue Universen zu schaffen. Sogar ein eigenes Universum für jeden Menschen auf der Erde wäre für sie leicht machbar. Die Energie dazu steckt in den Vakuumschwingungen des kosmischen Computers.

Der kosmische Computer ist die Informationsebene vom Wissen des Allwissenden. Auf dieser Ebene hat er die Macht der Vakuumenergie zur Verfügung. Er weiß also alles und sie kann alles. Durch das Wissen des Allwissenden wird die Macht der Allmächtigen wirksam. Informationen alleine wären nur Bruchstücke. Damit sie gezielt eingesetzt werden und einen starken Effekt erreichen können, müssen die Informationen zu einem Ganzen vereint werden.

Das ist die Funktion des Wissens. Es sind die Verbindungen zwischen den Informationen, die das Wissen ausmachen. Auch das ist ‚sahitaṁ‘. Die Verbindung zwischen den Informationen führt zum Wissen. Durch diese Verbindung wird die Macht der Allmächtigen stark. Shakti hat eine Ausrichtung. Sie richtet sich auf Shiva, auf das reine Wissen aus und damit wird sie stark.

Durch unseren persönlichen Avatar haben wir den Kontakt zur mächtigsten Freundin, die wir uns wünschen könnten. Es ist für sie kein Problem, ein neues Universum zu erschaffen. Wie viel weniger ist es für sie ein Problem, in unserem bestehenden Universum nur ein paar Kleinigkeiten zu ändern?

Es sind ja nur so kleine Änderungen, die wir in einer von Hundert Milliarden Galaxien unseres Universums wünschen, in unserer Heimatgalaxie Milchstraße. Und darin auch nur Änderungen in einem von Hundert Milliarden Sonnensystemen und dort auch nur auf einem Planeten eine kleine Materieumschichtung, wie zum Beispiel ein neues Haus gebaut zu bekommen. Ach, wie putzig ist das denn?

Wenn wir also unsere allmächtige Freundin um die Erfüllung unserer niedlichen kleinen Wünsche bitten, brauchen wir keine Angst haben, dass ihr jemals die Energie dafür ausgehen könnte.

Hier kommt noch eine weitere Bedeutung unseres Wortes ‚sahitaṁ‘ zum Vorschein. Wenn ich Shiva und Shakti eingeladen habe, als Avatar in meinem Herzen zu wohnen, bin ich natürlich auch mit beiden verbunden. Auch das drückt das Wort ‚sahitaṁ‘ aus. Es besteht eine enge Verbundenheit zwischen mir und meinem Avatar. Damit kann ich teilhaben am Wissen des Allwissenden (Shiva) und an der Macht der Allmächtigen (Shakti).

Das gesamte Energieproblem der Erdbevölkerung zu lösen, ist für die Allmächtige keine große Sache. Es ist genügend Energie für alle da! Liebe Kinder, ihr braucht euch wirklich nicht darum zu streiten, wie ihr an einem ausgedehnten Meeresstrand genügend Sand bekommt, um mit euren Kuchenförmchen eure eigenen Sandkuchen zu backen!

Für Energie, Wasser oder andere Rohstoffe auch noch Kriege anzuzetteln, ist völlig irre. Es entspringt Gehirnen, die von Schadsoftware durchsetzt sind. Ihnen sollten wir nicht mehr weiter die Leitung der Menschheit anvertrauen. Der beste Herrscher, Ischvara kann das definitiv besser!

Sobald die Menschen nicht mehr durch die Begrenzungen in ihrem Bewusstsein fehlgeleitet sind, steht uns auf der Erde eine ungeahnte, goldene Zeit bevor, in der alles möglich sein wird. Es gibt genügend Energie für alle. Wir müssen nur noch zugreifen. Das Wissen dazu zeigt uns unser persönlicher Avatar. Er vermittelt uns all das Wissen, das wir gerade noch begreifen können und er filtert die schier unbegrenzt vorhandene Energie so, dass wir damit noch gut zurechtkommen können.

Wir können so viel erreichen, wie wir uns vorstellen können. Wir können uns einen Himmel auf Erden schaffen. Dazu mehr im nächsten Kapitel.

16. Göttliche Magie

Wie wird der Himmel auf Erden aussehen? Wodurch wird er zustande kommen? Was wird sich ändern? Was wird aufhören? Was wird neu entstehen? Wie kommen wir dahin?

Wir kommen dahin durch das letzte Wort unseres Eingangsvers. Es heißt ‚namāmi‘. Das bedeutet ‚ich verneige mich‘. Es bedeutet, den Kopf zu senken und ihn näher an das Herz zu bringen. Wenn wir uns verneigen, geben wir dem Gefühl einen größeren Raum als dem Denken. Es ist kein äußeres Verneigen, wo sich jemand vor seiner Gottesstatue oder seinem Gottesbild in den Staub wirft. Nein! Es ist auch kein Verneigen vor unserem Smartphone. Nein!

Es ist ein inneres Verneigen. Mit dem Verneigen umfasse ich noch enger meinen Avatar, der in meinem Herzen wohnt. Mit dem Verneigen wächst der Zusammenhalt zu meinem Avatar.

Dieses letzte Kapitel möchte ich dem Himmel auf Erden widmen. Wenn die Menschen ihre Verbindung mit Ischvara pflegen, der als persönlicher Avatar in ihren Herzen wohnt, kann die Menschheit auf eine höhere Entwicklungsstufe aufsteigen. So beginnt die Entwicklung zu einem ungeahnten Glanz auf allen Ebenen des menschlichen Lebens. Ein goldenes Zeitalter steht uns bevor.

Über unseren persönlichen Avatar haben wir Zugang zu allem Wissen. Damit können wir alle Probleme lösen. Probleme existieren nur solange, wie ihre Lösungen nicht bekannt sind. Mit dem Wissen, wie sie praktisch gelöst werden können, sind die Probleme bereits erledigt.

Mit Abschaffung der Probleme können wir dann unsere volle Kreativität entfalten. Dafür gibt es keine Grenzen, denn der Allwissende, zu dem wir Zugang haben, ist auch die Allmächtige. Sie sind keine äußere Instanz, mit der wir einen Handel machen müssen. Sie wohnen in uns.

Wir bekommen also nicht die göttliche Magie von außen geschenkt, sondern wir wandeln uns selbst, so dass wir die göttliche Magie verkörpern.

Unser Wirken bleibt dann nicht nur auf persönliche Angelegenheiten beschränkt, sondern betrifft den gesamten Planeten, unser Sonnensystem und das Universum als Ganzes.

Eine Sache, die in unserem Sonnensystem in Ordnung gebracht werden wird, ist die Verletzung des Saturn. In der Vedischen Astrologie wird Saturn als der Diener beschrieben. Er ist von seinem eigentlichen Naturell her immer hilfsbereit und nicht dominant. Auch das wird mit dem Wort ‚namāmi‘, mit dem Verneigen, beschrieben. So wäre eigentlich alles in Ordnung, wenn Saturn nicht verletzt worden wäre.

Vedische Schriften berichten davon, dass vor langer Zeit der Planet Saturn ungerecht behandelt und absichtlich verletzt wurde. Die Narben dieser Verletzung sind immer noch in seinem Ringsystem zu sehen. Daher hat Saturn seinen Charakter von einem liebenden, alten Großvater zu einem enttäuschten, verbitterten Greis gewandelt. So hat Saturn eine Führungsrolle angenommen, die der nicht gut ausfüllen kann, weil die Führung nicht seinem eigentlichen Naturell entspricht. Er führt die Menschheit nämlich recht ungeschickt durch eine Reihe äußerer Kontrollsysteme, die er auf der Erde installiert hat.

Diese Kontrollsysteme werden durch den Einfluss des Planeten Uranus gesteuert. Uranus wurde bei dem kosmischen Unfall des Saturn auch getroffen und hat seine Drehachse geändert. Er ist der einzige Planet im Sonnensystem, der nicht entlang seiner Bahn um die Sonne rotiert. Er steht sozusagen quer.

Uranus regiert alle elektronischen Systeme. So wird die Kontrolle des Saturn auf der Erde durchgesetzt, nämlich mit elektronischen, künstlich intelligenten Kontrollsystemen. Dazu gehören das Internet, der Mobilfunk und die künstliche Intelligenz, welche diese Systeme weltweit steuert.

Durch Saturn und Uranus wird die natürliche Expansion von Jupiter behindert. Jupiter expandiert Wissen, Erfolg und Reichtum. Leider wird er seit Jahrtausenden aufgrund der Saturn-Verletzung und dem querstehenden Uranus dabei behindert. Dadurch beeinflusst Jupiter sogar den Merkur ganz nahe bei der Sonne, was dazu führt, dass Merkur immer dann negativ auf alle Arten von Kommunikation wirkt, wenn er rückläufig ist.

16. Göttliche Magie

Die Verletzung des Saturn symbolisiert den Fehler des Verstands. Sie wirkt sich über Uranus und Jupiter auf den Merkur aus. Merkur regiert den Verstand. Mit der Heilung der Saturn-Verletzung verschwindet letztendlich der Fehler des Verstands. Dieser Fehler besteht darin, dass der Verstand meint, er sei das eigentliche Selbst. Saturn meint, er sei die Sonne und er müsse die Menschen kontrollieren, damit sie nichts Schlimmes anstellen. Dabei hat er aber nicht bemerkt, dass er eine Versklavung der Menschheit unter diesen Kontrollsystemen und unnötiges Leiden herbeigeführt hat.

Der Saturn unterliegt einer Täuschung, denn die Führungsrolle im Sonnensystem gehört der Sonne, und nicht dem Saturn. Die Kontrolle der Welt sollte nicht über den fehlgeleiteten Verstand passieren, sondern über die Intuition, die uns unser Avatar immer wieder neu schenkt.

Ischvara kann die Verletzung des Saturn heilen, wenn wir ihn darum bitten. Genau das ist jetzt passiert.

Wie wird es sich auswirken? Alle von Saturn gesteuerten Systeme der äußeren Kontrolle werden verschwinden und durch liebliche, lebensförderliche Systeme ersetzt werden.

Wenn der Fehler des Verstands verschwindet, werden all die intellektuellen Kontrollsysteme auch verschwinden, die der verletzte Saturn durch das von Merkur geförderte intellektuelle Denken auf der Erde installiert hat. Dazu gehören:

- Die Babylonische Geldmagie mit ihrem unerbittlichen Zinssystem
- Das ungerechte Justizsystem mit all seiner Korruption
- Macht- und geldgeile Politiker ohne Wissen und Erfahrung
- Eine geldgesteuerte Medienindustrie, die die großen Menschenmassen hypnotisiert
- Das pharma-getriebene Gesundheitssystem, welches die Menschen durch immer neue Krankheiten ausbeutet
- Eine vergiftete Landwirtschaft und Umwelt
- Ein unterirdisches Kontrollnetz, wodurch fremde Intelligenzen lange Zeit unsere Erde gesteuert haben

- Das faktenorientierte, begrenzende und bestrafende Schulsystem
- Das System der Kriege, um Ressourcen zu stehlen
- Wettermanipulation als Waffe
- Versteckte biologische Kriegsführung
- Die menschenverachtende, sogenannte neue Weltordnung
- Das System des Karma mit Belohnung und Bestrafung

Der geheilte Saturn wird wieder gütig werden und unserer Erde und der Menschheit mit seinem sanften, stillen Einfluss dienen und damit werden die ungerechten Kontrollsysteme alle verschwinden.

All diese unnatürlichen Kontrollsysteme werden unter dem Gewicht ihrer eigenen Fehler zusammenkrachen. Damit wird das System des Karma seine letzte große Funktion erfüllen. Das schlechte Karma der Kontrollsysteme und ihrer Erschaffer wird sie selbst vernichten und damit auch das gesamte Karma System abschaffen. Ischvara hat die Macht, Karma zu löschen!

Dann beginnt der erneute Aufstieg der Menschheit. Es steht uns unendliche Energie zur Verfügung und wir werden mit göttlicher Magie Neues erschaffen. Wir brauchen nicht mehr um Ressourcen zu kämpfen. Wir werden dann zu Mitschöpfern, die Ischvaras unendliches Wissen und seine unendliche Macht jeden Tag neu und spielerisch anwenden.

Uns steht eine glanzvolle Zeit bevor. Es wird keine Krankheiten mehr geben. Die Menschen werden beliebig lange leben. Wir werden mit unseren Körpern die Schwerkraft überwinden und fliegen können. Wir werden in inspirierten Lebensgemeinschaften leben. Es wird Städte mit hoher technologischer Entwicklung und gleichzeitig enger Verbindung zur Natur geben.

Wir werden die Natur wiederherstellen. Wir werden den Raubbau an der Natur beenden und unsere Mutter Erde wird uns dafür belohnen. Die Wüsten werden begrünt und es wird wieder die richtigen Mengen an Regen, Wind und Sonnenschein geben.

Die Menschen werden zu Raumfahrern werden. Wir werden in die kosmischen Allianzen raumfahrender Zivilisationen als das jüngste Mitglied aufgenommen werden. Wir werden das All erforschen und neue Lebensformen entdecken und friedlich mit ihnen leben.

Die Erde wird zu einem Juwel in den Weiten des Universums werden. Sie wird ein leuchtendes Beispiel werden, wie schnell sich ein kleiner Planet höherentwickeln kann. Die Naturgesetze, die Devas werden sich hier inkarnieren. Sie werden neugierig sein, direkt mitzuerleben, welche Veränderungen kosmischer Tragweite sich hier auf diesem kleinen, dritten Planeten der Sonne Sol abspielen.

Das ist nur ein kleiner Einblick in die glänzende Zukunft, die uns bevorsteht. Wenn auch du dieses kosmische Schauspiel bewusst miterleben und mitgestalten möchtest, sei dabei! Öffne dich für die unendliche Weisheit und das unerschöpfliche Glück, das in dir schlummert und darauf wartet, von dir gefunden und gelebt zu werden. Finde deinen persönlichen Avatar!

Es wird einen fortgeschrittenen Spezialkurs geben, um die göttliche Magie zu entfalten. Der Kurs ‚Göttliche Magie' wird das eröffnen, was aufbauend auf dem Siddhi Power Training noch zusätzlich entwickelt werden kann. Damit werden wir unseren Beitrag zur Schaffung einer neuen, besseren Welt leisten. Wir werden diese neue Welt außerordentlich genießen und immer schöner und großartiger gestalten.

Traue auch du dich, den ersten Schritt zu tun und die Empfehlungen aus diesem kleinen Büchlein sowohl für dich selbst umzusetzen als auch deine Lieben damit zu erfreuen.